CE VOLUME CONTIENT :

8°. Rapport à M. le ministre de l'Instruction publique sur la bibliothèque de Berne, avec des notices de manuscrits, par M. Achille Jubinal, Paris 1838.

9°. Lettre de Jeanne Darc communiquée à l'académie des Sciences morales et politiques, avec une notice par M. Berryat St Prix, Paris 1844.

ANTIQUITÉS

GAULOISES ET GALLO-ROMAINES

DE L'ARRONDISSEMENT

DE MANTES.

MANTES. — IMPRIMERIE DE A. REPAY.

ANTIQUITÉS
GAULOISES ET GALLO-ROMAINES

DE L'ARRONDISSEMENT

DE MANTES

(SEINE-ET-OISE),

PAR M. ARMAND CASSAN,

Sous-Préfet de l'arrondissement de Mantes, ancien Aide-de-Camp du général Lafayette, chevalier de la Légion-d'Honneur, membre de plusieurs Sociétés savantes.

Antiquam exquirite matrem,
Cherchez votre antique mère.
VIRG. Æn., III, 96.

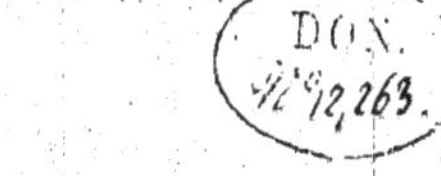

Mantes.

A. REFAY, IMPRIMEUR-LIBRAIRE.

1835.

La découverte des sépultures gauloises de
Bézu et d'Hérubé, et des tombelles gallo-
romaines d'Épône et de Rosny, annoncée par
tous les journaux de l'Europe comme une
nouvelle pleine d'intérêt pour la science ar-
chéologique, m'a paru digne d'être racontée
avec détail; plusieurs savans étrangers m'ont
même écrit pour me demander de le faire,
et c'est là le motif qui m'engage à publier ce

supplément à ma *Statistique de l'arrondissement de Mantes*[1].

Je me suis aussi proposé d'expliquer l'origine du culte des pierres dont la trace se retrouve dans toutes les parties du monde ; de

[1] Je dois à cet ouvrage, qui a paru en 1833, une médaille d'honneur, et cette lettre, autre médaille pour
moi :

MONSIEUR,

Des malheurs de famille m'ont empêché de vous remercier plus tôt de la lettre dont vous m'avez honoré, et du
présent que vous avez bien voulu me faire. On retrouve
dans votre *Statistique* la manière consciencieuse du beau
travail de Lamoignon de Bâville sur le Languedoc. Vous
rappelez généreusement, Monsieur, des souvenirs qui me
touchent ; la noblesse des sentiments est le partage des vrais
amis de la liberté.

Permettez-moi, Monsieur, de vous remercier de nouveau ;
vos recherches sur l'arrondissement de Mantes m'auroient
toujours paru un excellent ouvrage, quand vous n'y eussiez
pas cité mon nom avec une bienveillance dont je sens tout
le prix.

J'ai l'honneur d'être, etc.

CHATEAUBRIAND.

rendre leur vrai sens aux noms bas-bretons des monumens gaulois; de relever quelques graves erreurs échappées à de savans antiquaires; enfin d'examiner quelles furent les anciennes sépultures de la Grèce, de l'Italie, de la Gaule, et de la France au moyen-âge.

J'ai recherché avec soin les sources originales; j'ai consulté avant tout César, Cicéron, Strabon, Diodore de Sicile, Pomponius Mela, Tacite, Pline l'Ancien, Plutarque, Festus et Macrobe.

Pour me défendre de l'enthousiasme qu'inspire naturellement toute découverte qu'on fait, j'ai toujours eu sous les yeux *l'Antiquaire* de Walter-Scott : je n'ai pas oublié que si l'érudition ingénieuse de Jonathan Oldbuck lui persuade que l'inscription *A. D. L. L.* doit signifier *Agricola dicavit libens lubens*, la mémoire et le bon sens d'Edie

Ochdiltee lui font reconnaître dans ces quatre lettres : *Aiken Drum's long ladle*, c'est-à-dire, grande cuillère à pot d'Aiken-Drum.

ANTIQUITÉS
GAULOISES ET GALLO-ROMAINES.

I.

Antiquités Gauloises [1].

Et quando interrogaverint vos filii vestri cras dicentes : Quid sibi volunt isti lapides ? respondebitis eis...... Positi sunt isti lapides in monumentum......

Et quand vos fils vous interrogeront demain vous disant : Que signifient ces pierres ? vous leur répondrez....... Ces pierres ont été posées là comme un monument......

Josué, ch. iv, v. 6, 7.

Dolmen de Gressey. — *Dolmen* d'Épône. — *Hypogée* d'Hérubé. — *Cromlech* de la Garenne. — *Menhir* d'Épône. — *Menhir* de Neauphlette. — *Cave aux Fées* de Brueil. — *Hypogée* de Bézu. — Usages et croyances populaires.

La partie de l'ancien Vexin Français et de l'ancien pays de Madrie, qui forme aujourd'hui l'arrondissement dé Mantes, appartenait, sous la domi-

1

nation romaine, à la province Lugdunaise, et, auparavant, à la Gaule Belgique et à la Gaule Celtique : la rive droite de la Seine servait de limite méridionale au pays des Vélocasses, et la rive gauche, de limite septentrionale au pays des Carnutes [2]. Cette indication géographique seule annonçait déjà que ce pays avait dû être habité, longtemps avant l'ère chrétienne, par des tribus de race gauloise, et souvent ravagé depuis par les légions romaines, durant les quatre premiers siècles; mais ce qui n'était qu'une simple conjecture est devenu un fait historique, monumental, depuis les fouilles et les découvertes d'Épône, de Bézu, de Boissy-Mauvoisin et de Rosny.

De nombreux symboles du polythéisme gaulois couvraient, aux premiers siècles de notre ère, toute la partie du territoire Mantois dépendant de la cité des Carnutes, la plus considérable cité des Gaules dans l'ordre religieux comme dans l'ordre politique. Mais, deux causes diversement puissantes, la Religion et la Barbarie, détruisirent un grand nombre de ces monumens. Comme on adorait encore les pierres aux VIe, VIIe, VIIIe et IXe siècles, Childebert, Chilpéric, Charlemagne, et plusieurs autres princes [3], ordonnèrent aux habitans des campagnes, sous les peines les plus sévères, de rejeter de leurs champs tous les *simu-lacres en pierre*, toutes les *pierres brutes*, tous les *dolmen* [4] ou *menhir* auxquels on rendait un culte sacrilége. Toutefois, quelques-uns de ces monumens dûrent à la protection superstitieuse du peuple, et peut-être aussi à leur obscurité, d'échapper alors aux rigueurs des *Capitulaires;* mais, moins heureux dans les siècles qui suivirent, ils disparurent bientôt peu à peu, et le XIXe siècle laisse détruire chaque jour, avec une coupable indifférence, ce qui reste encore de ces vieux et derniers témoins de la civilisation de nos pères.

Deux communes de cet arrondissement, Gressey et Épône, en offrent la preuve. On remarquait encore à Gressey, en 1823, un beau *menhir*, connu pour un monument celtique, sous le nom de *pierre de Mont-Bergeon*. Un carrier l'a brisé, il y a dix années environ, pour en faire du pavé bâtard; c'est le grand Séjan devenu marmite [5] :

    Pone domi lauros...

Et comment ne pas regretter aussi la destruction du *cromlech* d'Épône ? Ce lieu si digne de célébrité, comme ancien sanctuaire du culte druidique, comme ancienne station romaine, était encore, au dernier siècle, en possession d'un *cromlech*, près de la ferme de la Garenne; il n'en reste plus aujourd'hui que quelques débris et le *dolmen* (*planche* 1, *fig.* 1) que je vais décrire.

Ce *dolmen*, placé à quelques pas du chemin qui conduit à Meulent, par la Garenne [6], était destiné à devenir le déversoir d'un moulin; et il le serait aujourd'hui, si je ne l'eusse protégé en lui rendant son antique et magique nom de *dolmen*. Sa table d'autel est faite de deux pierres, en calcaire siliceux, qui ont ensemble 12 mètres 43 centimètres de tour, 4 mètres 5 centimètres de longueur, et 50 centimètres d'épaisseur : il a six supports en calcaire siliceux et en grès, dont l'élévation est de 60 centimètres. Ce *dolmen* est ouvert au nord, ainsi que l'a remarqué l'illustre antiquaire Eloi Johanneau, qui a bien voulu visiter avec moi ce *dolmen* et l'*hypogée* d'*Hérubé*. Un fragment de 5 mètres de tour, de 1 mètre 41 centimètres de longueur, et de 2 mètres de largeur, a été détaché de la pierre du midi, et est à moitié enfoui en terre. A un pas de ce lieu de sacrifice s'élevaient, avant la révolution, les fourches patibulaires de la justice seigneuriale d'Épône.

C'est près de ce *dolmen*, à l'est d'Épône, au lieu dit *Hérubé*, que M. le baron de Vincent, maire de Mézières, connu par son goût éclairé pour les antiquités nationales, a découvert, en 1833, un *hypogée* gaulois du plus haut intérêt. Cette fosse sépulcrale est un carré long qui a 2 mètres de profondeur, sur 2 de largeur, et 9 de longueur ; le mur qui en forme l'enceinte est bâti en pierre grossière et en ciment de terre. Cinq énormes pierres brutes transversales de 2 mètres 66 centimètres de longueur, sur 2 mètres de largeur et 66 centimètres d'épaisseur, fermaient ce caveau. Après avoir fait enlever ces pierres, sous lesquelles se trouvaient deux pieds environ de terre sablonneuse, M. le baron de Vincent découvrit un lit de pierres plates, de 40 millimètres d'épaisseur. Sous ces pierres, trentedeux squelettes, et sous ces squelettes, un second lit de pierres plates avec un égal nombre de squelettes, qui reposaient sur une couche de mêmes pierres plates servant de fond à cet *hypogée*. Ces soixante-quatre squelettes de taille ordinaire avaient la tête tournée les uns vers le nord, les autres vers le sud : tous les os [7], même les os du crâne, des avant-bras, des cuisses, des jambes, altérés par le temps, se brisaient au toucher ; une seule tête annonçant un jeune homme de vingt à trente ans [8], a pu être conservée entière. Au milieu de ces ossemens, M. le baron de Vincent [9] trouva trois morceaux de fer très - minces , de 27 millimètres carrés ; quelques débris d'une pierre magnésienne appelée *serpentine;* une espèce de couteau poli, de même pierre, d'un vert obscur, parsemé de veines grises rougeâtres, de 108 millimètres de longueur et de 9 millimètres d'épaisseur, percé d'un trou légèrement ovale à sa partie supérieure; deux os de fémur de 40 millimètres de longueur, taillés et amincis aux deux extrémités; enfin, au fond de la fosse sépulcrale, à l'ouest; un petit vase d'une pâte compacte et pesante [10], d'une couleur noirâtre, d'une forme grossière, non moulé au tour, et laissant apercevoir encore la trace des doigts qui l'ont pétri : il ressemble assez à un creuset; il a 75 millimètres de hauteur, 162 de circonférence à sa base, et 216 à sa partie supérieure (*planche* 1, *fig.* 4).

Cet *hypogée* porte, à ne pas s'y tromper, tous les caractères d'un tombeau antérieur à l'époque romaine. M. le baron de Vincent estime que ce tombeau gaulois, creusé à deux pas d'un *dolmen* dont il reste encore quelques débris et si près de l'ancien *cromlech* d'Épône, a dû servir de sépulture à des victimes humaines du culte druidique. Je ne pense pas qu'on leur fît tant d'honneur; et je serais plutôt porté à croire que ce tombeau renfermait la dépouille de guerriers morts dans les combats. Ces pierres magnésiennes et ces ossemens taillés me semblent avoir été des parures ou des amulettes que les guerriers gaulois portaient sur leurs poitrines, ainsi qu'en portent encore aujourd'hui les sauvages de l'Océanie. La découverte de ces pierres et de ces ossemens humains, travaillés avec un certain art, offre de l'intérêt pour l'intelligence de la civilisation gauloise, et pour l'étude de la philosophie de l'histoire. L'humanité suit-elle en tout une loi fatale? où faut-il voir là une preuve de plus de l'unité primitive des nations?

J'ai découvert, près de là, dans l'enceinte du *cromlech*, d'autres débris de l'époque gauloise : entre autres, d'épaisses couches de cendres et de charbon; des ossemens humains, avec des os de porcs, de cerfs, de brebis, de chiens, de chevaux; des os taillés et aiguisés qui semblent avoir été des armures de flèches; des hâches en silex (*planche* 1, *fig.* 2), telles qu'on en trouve si fréquemment en Bretagne et dans le Périgord, et dont se servaient, dit-on, les sacrificateurs; d'autres fragmens en silex larges et tranchans; des morceaux d'un fer très-mincé et des débris de colliers, de bracelets et d'anneaux qui furent peut-être des monnaies, d'après le témoignage de César *: utuntur aut ære aut annulis ferreis ad certum pondus examinatis pro nummo* [1]. Nous avons aussi, M. le baron de Vincent et moi, trouvé, près d'un squelette que couvrait une énorme pierre, des grains de verré; des morceaux de fer; deux pierres en silex, perforées, rondes et larges comme une pièce de cinq francs; un fragment de tibia, long de 80 millimètres, travaillé avec soin, ressemblant à la lame d'un couteau rond, et sur lequel semble gravée une lettre ayant du rapport avec le *lambda* grec [12].

Jamais peut-être aucun champ, même en Bretagne, en Écosse, ou en Irlande, n'a offert autant de souvenirs de l'époque gauloise que le champ de la Garenne; et je dois aux fouilles commencées par M. le baron de Vincent, d'avoir fait, si je ne m'abuse, une découverte assez importante qui avait échappé jusqu'à présent à toutes les recherches des antiquaires.

César, *de Bello Gallico*, livre VI, dit : *Druides......,.. certo anni tempore, in finibus Carnutum, quæ regio totius Galliæ media habetur, considunt in loco consecrato : huc omnes undique qui controversias habent conveniunt; eorumque judiciis decretisque parent* [13]. « Les Druides, à un temps fixe de l'année, s'as-
» semblent en un lieu consacré sur les confins du
» pays des Carnutes, qui passe pour le milieu de
» toute la Gaule; là se rendent de toutes parts
» ceux qui ont des différens, et ils obéissent aux
» jugemens et aux arrêts des Druides. » Les traducteurs, les commentateurs, les antiquaires se

demandent, depuis le XVIe siècle, où était ce lieu consacré, et, après avoir long-temps cherché, finissent par avouer qu'on l'ignore et qu'on ne découvre aujourd'hui aucune trace qui puisse l'indiquer : *quo loco non patet, nullaque hodie exstant vestigia.* Ces traces perdues, je crois les avoir retrouvées; et le champ du *dolmen* d'Épône me parait avoir été le *lieu consacré* où se tenaient les *assises* annuelles des Druides.

Le pays des Carnutes renfermait, au temps de César, les *pagi* ou pays appelés depuis : le pays Chartrain, *pagus Carnutinus;* l'Orléanais, *Aurelianensis;* le Dunois, *Dunensis;* le Dreugesin, *Durocassinus;* le pays de Madrie, *Madricensis;* le Pincerais, *Pinciacensis;* le Vendômois, *Vindocinensis;* le Blesois, *Blesensis;* la Beauce, *Belsia;* la Sologne, *Secalaunia*[14], etc. Le pays de Madrie, qui était séparé du Vexin par la Seine, *qui a Vilcassino Sequanâ terminabatur*, comme disent les plus vieilles géographies, servait de frontière septentrionale au pays des Carnutes, et le lieu appelé aujourd'hui Épône, qui faisait partie du *pagus Madricensis*, en était lui-même la limite. Le champ du *dolmen* d'Épône était donc sur les confins des Carnutes, *in finibus Carnutum.*

Mais ce champ était-il un *lieu consacré?* tout me

semble l'indiquer. Les Druides [15] avaient coutume,
comme on sait, de se réunir sur le bord des fleuves
et au milieu des forêts qui étaient leurs temples [16];
or, la Maudre et la Seine baignent cette partie du territoire d'Épône, et la plaine de la Garenne, comme
son nom et comme les anciens titres l'annoncent,
fut, de temps immémorial, couverte de bois; aujourd'hui même, près de l'antique dolmen, le chêne
druidique grandit encore. Mais ce qui prouve surtout,
selon moi, que ce fut un lieu consacré, c'est le beau
cromlech dont la tradition a conservé le souvenir.
L'intolérance ou l'ignorance l'a presque détruit;
il en reste heureusement quelques débris et le
dolmen que j'ai décrit plus haut et qui était une
des tables de pierre qui fermaient le cercle. L'enceinte de ce *cromlech* avait une assez grande éten-
due, et il mériterait, s'il était encore debout,
d'être aussi célèbre qu'un antique *cromlech* qu'il
rappelle, et dont Vormius a donné la description,
le *cromlech* de la route de Bircle, en Zélande, près
du *tumulus* de *Langbenriser*. Ajoutez à cela les découvertes dues aux fouilles que nous avons faites
dans l'enceinte même du cercle : ces couteaux, ces
haches tranchantes en silex, ces os taillés et travaillés, ces ossemens humains mêlés à des os d'animaux, ces cendres ensevelies, ces fragmens de
colliers, de bracelets et d'anneaux, vieux débris

de la civilisation gauloise, enfin cet *hypogée* voisin du *cromlech;* voilà sans doute assez de témoignages pour rendre au champ du *dolmen* d'Épône son titre historique d'ancien *lieu consacré*.

Si la géographie et les fouilles d'Épône démontrent que le champ de la Garenne était un lieu consacré sur la limite du pays des Carnutes, la tradition et l'histoire semblent établir également que c'était le *locus consecratus* dont parle César, et où s'assemblaient annuellement les Druides pour juger les procès de toute la Gaule.

Les dénominations populaires, dont l'étude est quelquefois trop négligée dans les recherches archéologiques, sont des inscriptions qui donnent souvent, pour qui sait les lire, la date précise des faits, des usages, des monumens, et qui en apprennent plus sur les choses du passé que les systèmes des historiens ou des antiquaires. Un enfant de quatorze ans à peine, à qui je m'adressai pour savoir quel nom portait le champ du *dolmen* d'Épône, me répondit, en m'indiquant un champtier de 22 hectares environ : « *Tout ceci s'appelle* LA JUSTICE.» Cette dénomination ne vaut-elle pas une inscription celtique retrouvée? n'est-elle pas la révélation du lieu où se tenaient les grandes assises druidiques? Depuis le XIIe siècle, il n'est pas un seul titre, pas un seul plan d'Épône qui ne conserve à ce champtier le nom de *Champtier de la Justice;* et le cadastre l'a récemment et à jamais consacré.

L'histoire en outre semble s'unir ici à la tradition, pour nous apprendre combien ces assemblées solennelles, présidées par des juges qui représentaient à la fois la religion et la justice, avaient frappé l'esprit des populations et long-temps régné sur leurs souvenirs.

Dès les premiers temps de la conquête, une garnison romaine [17], comme j'espère le prouver plus loin, occupe Épône. C'est qu'en effet les assemblées religieuses et nocturnes du peuple vaincu devaient singulièrement inquiéter les conquérans qui savaient que, du fond de leurs forêts et de leurs grottes mystérieuses, les Druides conspiraient sans cesse contre la domination romaine et excitaient les Gaulois à la vengeance.

Au VIe siècle, pendant que les Vélocasses et les Carnutes abandonnaient la religion proscrite de leurs pères, pour embrasser le christianisme, l'habitant d'Épône, fidèle à l'antique culte, repoussait la foi nouvelle dont il ne pouvait comprendre la simplicité sublime. Il se souvenait toujours des chants des Bardes [18], célébrant sur la lyre les dieux

de la patrie, Taranis, Hésus, Teutatès[19]; et il re-
grettait ces fêtes religieuses où la nuit, à la lu-
mière des étoiles et des torches, il avait vu le pon-
tife des Druides, couronné de verveine et revêtu
de la robe blanche des sacrifices, cueillir, avec la
faucille d'or, le gui sacré sur le chêne de la Garenne [20]. Aussi Fortunat [21] raconte qu'un pieux
évêque de Paris, Saint-Germain, affligé de ce
que l'habitant d'une partie du *pagus Madricensis*
persévérait dans l'idolâtrie, se rendit à Épône pour
combattre en personne le culte druidique et le vain-
cre, dans un de ses derniers asiles, par l'éloquence
et par un miracle.

Au XIVe siècle, les seigneurs d'Épône, comme
on le peut voir dans l'histoire du Vexin, par M. Levrier [22], élèvent leurs fourches patibulaires à la
limite orientale du *Champtier de la Justice*, à côté
du *dolmen* encore debout : frappant témoignage
de la terreur religieuse qu'inspiraient au moyen-
âge les lieux où s'étaient, disait-on, accomplis les
sacrifices humains des Druides.

Épône offre encore d'autres monumens de l'é-
poque celtique.

On remarque, au sud du château, sur un terrain communal inculte, appelé *les Friches de Velanne*, un amas de pierres brutes, la plupart isolées

entre elles. Cet endroit a peut-être été un des sanctuaires où les Druides se rassemblaient pour adorer
quelque divinité ou étudier les phénomènes de la nature qu'ils expliquaient à leurs disciples. Ce qui me
porterait à le croire, c'est que ce terrain élevé et
couvert de pierres, dispersées çà et là, dans un certain ordre, a toujours été un terrain vierge, et que
les Celtes [23] offraient un culte aux lieux élevés où
d'énormes pierres brutes empêchaient la charrue de
déchirer le sein de la terre mère [24], *terræ matris*; en
outre, le tertre de Velanne rappelle trop le monument de la plaine de Landerthun, appelé *les Dan-
ses* [25], pour qu'on ne suppose pas que tous deux
aient été des sanctuaires druidiques : ce n'est cependant qu'une hypothèse.

Un autre monument celtique, un *menhir*, appelé
dans le pays *pierre Talon*, s'élève à la limite ouest
de la commune d'Épône. Ce *menhir* a 1 mètre 25
centimètres de hauteur, 60 de largeur à sa partie la
plus élevée, et 76 vers le milieu ; son épaisseur est
de 57 centimètres au sud, de 20 au nord ; sa forme
est un pentagone irrégulier.

Ainsi, des poteries, des armes en silex, un *dolmen*,
un *menhir*, un *hypogée*, un débris de *crômlech*, un
sanctuaire, le *locus consecratus* où se tenaient les
solennelles assemblées des Druides, voilà les grands

souvenirs que conserve Épône. Il suffit même encore aujourd'hui de soulever quelques pieds de cette vieille terre *consacrée*, pour rencontrer aussitôt de curieux restes des mythologies et des civilisations qui ont fleuri sur le sol de la Celtique ; et je ne sache aucun lieu, à part l'antique *Carnac* [26], qui offre autant de précieux monumens pour l'étude des origines gauloises.

Plusieurs autres communes de l'arrondissement, Neauphlette, Brueil, Chérence, possèdent aussi quelques souvenirs de la même époque.

Sur le territoire de Neauphlette, à quelques pas du hameau des *Loges*, on remarque un *menhir*, connu par les habitans même du pays pour un monument gaulois, sous le nom de *pierre grise*. Ce *menhir* a 1 mètre 80 centimètres de hauteur, 1 mètre 6 centimètres de largeur ; son épaisseur est de 80 centimètres ; il est incliné vers l'orient de 25 centimètres environ. La hauteur de cette pierre a dû être beaucoup plus considérable qu'elle ne l'est aujourd'hui ; sa partie supérieure est crevassée et dégradée, et son inclinaison même semble prouver qu'elle a subi quelque choc. En 1801, un habitant de Neauphlette, espérant, d'après une antique tradition, trouver au pied de ce *menhir* un trésor caché, y fit, pendant la messe de minuit, une fouille de 2 mètres de profondeur environ, mais il n'y trouva rien ; *d'argent, point de caché* [27].

La même crédulité, la même espérance inspira un jour, mais un peu mieux, les habitans de Brueil. Vers le milieu du dernier siècle, un étranger étant venu visiter cette commune, dit aux habitans : « Comment ! vous possédez la *Cave* » *aux Fées* près de l'autel des Druides, et vous » ignorez qu'elle renferme les dépouilles et les tré- » sors des Gaulois [28] ! » A l'instant même, les habitans de Brueil accourent en foule au château, et demandent au seigneur la permission de fouiller la *Cave aux Fées.* Ils avaient à peine commencé qu'ils trouvent un escalier, un souterrain, de longs rangs de squelettes, des armes ; mais tout-à-coup une terreur panique les saisit, ils s'enfuient et comblent l'entrée du souterrain : personne depuis n'a visité la *Cave aux Fées.* C'est à un pas même de cet endroit que se trouvait un *dolmen* dont les anciens du pays se souviennent encore, et c'est près de là aussi qu'on a souvent découvert des armes en silex. A quelle époque appartient la *Cave aux Fées ?* serait-elle un de ces *silos,* une de ces caves profondes où [29], à l'exemple des Sarmates, les Celtes déposaient leurs grains et cherchaient un asile contre la rigueur du froid et souvent aussi contre les attaques de l'ennemi. On le croit ici ; cependant il est impossible d'émettre une opinion à cet égard, avant d'avoir visité ce caveau. Combien je regrette de n'avoir pu le faire ouvrir [30] ; le propriétaire s'y est constamment refusé, malgré ma demande et ma prière. J'engage bien celui qui, le premier, descendra dans *la Cave aux Fées*, à en donner la description la plus détaillée et la plus exacte.

Une autre commune de l'arrondissement, Chérence [31], offre aussi de l'intérêt pour les études archéologiques.

En septembre 1834, M. le docteur Basserre, de La Roche-Guyon, M. de Vincent et moi, nous fîmes fouiller, au hameau de Bézu, commune de Chérence, un *hypogée*, connu dans le pays pour un tombeau antique : cette fouille amena la découverte d'un caveau qui rappelle tout-à-fait celui d'Épône, et qui a dû, comme ce dernier, servir de sépulture à des guerriers gaulois, tués dans un combat.

Ce tombeau avait 2 mètres 33 centimètres de largeur et de profondeur, et 9 mètres de longueur ; huit énormes pierres, de 2 mètres 33 centimètres de hauteur comme de largeur, de 33 centimètres d'épaisseur, en formaient l'enceinte [32] ; ces pierres

brutes, debout, donnaient à cette fosse sépulcrale
une sorte de grandeur sauvage qui nous frappa et
nous inspira, pour ainsi dire, un recueillement religieux. Le fond du tombeau était pavé en pierres
plates, sur lesquelles reposait une couche épaisse
d'ossemens que recouvraient d'autres pierres plates
encore plus larges, et quatre pieds environ de terre
sablonneuse. Une partie de ce tombeau avait déjà
été fouillée; mais, dans la partie où la terre n'avait
point encore été remuée, nous découvrîmes les
restes de quinze squelettes environ; et au milieu de
ces ossemens, presque réduits en poussière, des
dents d'hommes, d'enfans [33], de porcs et de lapins;
des débris de poterie fort grossière, tout-à-fait
semblable à celle de l'*hypogée* d'Épône [34]; des co-
quillages, du charbon, un os de fémur travaillé,
percé de neuf trous [35]; deux os aiguisés comme
des armures de flèches, et des fragmens en silex
taillés et tranchans. Le nom du lieu, *Bézu*, qui
signifie en langue celtique (*bez*) [36] *sépulcre*, a été
pour nous comme une inscription qui nous a servi
à reconnaître dans cet *hypogée* un antique tombeau
de nos pères.

On m'a encore signalé dans l'arrondissement,
comme appartenant à l'époque gauloise, à Omer-
ville, un *dolmen*, surmonté d'une croix, marquant,

dit-on, la transition du culte gaulois au culte catho-
lique; et à Genainville, une *pierre branlante* [37]; mais
comme ces pierres ne me paraissent pas celtiques,
et qu'aucune tradition ne s'y rattache, je n'ai pas dû
m'y arrêter.

Le *dolmen* de la Garenne, les *menhir* d'Épône et
de Neauphlette [38], les *hypogées* de Bézu et d'Hérubé
ne sont pas les seuls monumens celtiques de la
vieille terre des Vélocasses et des Carnutes; elle
conserve encore d'autres souvenirs des temps gaulois dans quelques-uns de ses usages, dans quel-
ques-unes de ses traditions : médailles d'or que le
temps efface chaque jour, mais où peut se lire cependant encore le nom de l'antique Gaule. Car, il
ne faut pas s'imaginer que les croyances morales et
religieuses d'un peuple meurent et disparaissent du
monde le lendemain de leur défaite; loin de là,
elles se conservent, long-temps puissantes, dans les
souvenirs des générations qui se les transmettent
patriotiquement tour-à-tour :

Quæ, quasi cursores, vitaï lampada tradunt. [39]

Ainsi, malgré leurs efforts, le polythéisme romain,
et plus tard le christianisme, ne purent anéantir le
polythéisme gaulois et le druidisme.

Le polythéisme gaulois avait personnifié, déifié,

comme on sait, toutes les forces, tous les phénomènes de la nature, les pierres, les arbres, les
vents, les rivières, les lacs, les fontaines, le tonnerre, le soleil ; plus tard il s'éleva à la notion
abstraite de *génies* [40] : le druidisme adopta une partie
de ces idées, en les assouplissant aux dogmes qu'il
apportait de l'Orient. Eh bien, cette mythologie
gauloise n'est pas encore entièrement effacée ; on en
retrouve encore aujourd'hui la trace dans plusieurs
des traditions, des croyances et des usages de nos
communes.

L'habitant des campagnes respecte encore quel-
ques-unes des pierres et des fontaines consacrées par
ses pères ; plus d'une fois, au XIXᵉ siècle, il a vu
sortir, du menhir à moitié brisé, un *génie* [41] portant
un flambeau ; plus d'une fois, pour guérir son enfant de la fièvre, il l'a fait passer sous le dolmen
voisin [42], ou lui a fait boire de l'eau de la fontaine
sacrée, dans laquelle il avait jeté, comme offrande,
une petite pièce de monnaie. Le feu de Saint-Jean [43]
est un reste du culte de *Belenus* [44], que célébraient
solennellement les Druides par des feux allumés sur
les places publiques et sur les montagnes. Les bonnes
et les mauvaises fées [45] ont une origine druidique ;
c'est sous cette forme qu'Hésus introduisit dans la
Gaule son dualisme emprunté à l'Orient : ces follets,

ces lutins effrontés qui tourmentent partout les jeunes filles, sont les *Dusès* qui séduisaient les femmes gauloises [46]; la vache qui apparaît vers le soir au laboureur fatigué [47] est la vache sainte d'Hésus, qui enseigna l'agriculture aux Gaulois; l'*Epte* [48] qui demande chaque année une victime humaine; le *Réveillon* qui promet à ceux qui boivent de ses eaux qu'ils reverront un jour leur terre natale, sont encore des traditions celtiques; enfin le géant populaire qui sema dans toute la Gaule les *peulvan*, les *menhir*, les *dolmen*, ne serait-il pas le représentant de la race celtique, de cette race forte et rude, de cette *race de pierre* [49] qui ne craignait que la chute du ciel? *Gargantua* [50] ne serait-il pas le génie de la Gaule personnifié, *genius Galliarum?*

C'est dans les contes des *bonnes femmes* du village qu'on peut encore aujourd'hui étudier historiquement la tradition et les formes qu'elle revêt; ces contes, que les esprits superficiels et légers dédaignent, sont de précieux souvenirs de cette poésie spontanée et toute populaire, chantée de village en village, il y a deux mille ans, par ces rhapsodes ingénieux, Homères de l'antique Gaule, qui s'appelaient *Bardes*, et qui célébraient tour-à-tour, sur leur *rotte* harmonieuse, les joies, les douleurs, la gloire des familles ou les saintes traditions de la patrie : ces récits de la veillée sont les derniers lambeaux de quelque *Odyssée*, de quelque *Iliade* celtique. Chaque province devrait recueillir religieusement ces précieux restes de la mythologie gauloise [51]; et il serait temps de se hâter, car, chaque jour, devant l'intelligence des masses qui s'éclairent, ces derniers vestiges du passé disparaissent [52]; les dieux de nos pères s'en vont, et avec eux la poésie des vieux souvenirs.

II.

Antiquités Gallo-Romaines.

Galeas pulsabit inanes,
Grandiaque effossis mirabitur ossa sepulcris.
VIRG., *Georg.* i, v. 496.

Il heurtera les casques vides, et, dans les tombes
ouvertes, il admirera de grands ossemens.

Tombelle d'Épône : armes, lampe, médaille, statuette,
poteries, etc. — *Hachette* découverte à Boissy-Mauvoisin.
— *Vases* et *Médailles* de Rosny. — *Camps* romains de Port-
Villez et du Mont-Terrier. — *Médailles* trouvées à Mon-
treuil, Aménucourt, Montchauvet, Septeuil, etc. —
Tombeaux en pierre.

Sous l'administration romaine, Mantes appar-
tint, avec la rive gauche de la Seine, d'abord à la
province Lugdunaise (*Lugdunensis*), puis à la première Lugdunaise (*prima*), et en dernier lieu à la
Senonaise (*Senonia*); la rive gauche, après avoir fait
partie de la province Lugdunaise, fut comprise dans

la seconde de ce nom (*secunda*). Les légions occupèrent souvent ce pays; cependant la voie romaine de Rouen (*Rotomagus*) à Lutèce (*Lutetia*), traversant *Petromantalum*, fut long-temps notre seul souvenir de l'époque gallo-romaine [53]. Le hasard avait bien fait découvrir à Épône un monument du quatrième siècle; mais cette découverte avait passé tout-à-fait inaperçue [54], quoiqu'elle méritât beaucoup d'intérêt, comme j'espère le prouver.

Près de la rivière de Maudre, en face du pont appelé *le Batardeau*, dans une pièce de terre appartenant au domaine de la Garenne, commune d'Épône, on remarque, aujourd'hui encore, une butte qui s'abaisse chaque année par l'effet de la culture; il est facile de reconnaître que c'est une ancienne tombelle faite de main d'homme. M. de Stack, propriétaire de la Garenne, voulant, en 1814, applanir et défricher ce terrain, fit briser une énorme pierre qui nuisait à son travail. On fut fort étonné de trouver, sous cette pierre, une fosse profonde, remplie de grands ossemens humains, entassés avec ordre, et à un pas de ce tombeau un long squelette entier, avec quatre lances d'airain; une lampe, une médaille, et quelques poteries grossières. C'est ainsi qu'on me raconta, en 1832, à Épône, la découverte de ce tombeau; j'appris là en même temps que la lampe et les poteries étaient perdues, mais que les quatre lances et la médaille se trouvaient à Paris chez M. l'abbé Mahieu, lequel, à ma demande, s'empressa de me les confier.

Ces quatre fers de lance sont d'inégale longueur; le premier a 40 centimètres (14 pouces ¹/₂) de long, le second 35 cent. (12 pouces 9 lignes), le troisième 34 cent. (12 pouces 5 lignes), le quatrième 32 cent. (11 pouces ¹/₂); le fer le plus grand pèse 650 grammes 15 centig. (1 livre 4 onces 7 gros) : je présume que la hampe, fendue en deux à sa partie supérieure, était garnie extérieurement d'une plaque de métal, et recevait le fer de lance qui était fixé par trois clous rivés des deux côtés et qu'on y voit encore. Ces lances, ensevelies dans le sable depuis plus de quatorze siècles, sont parfaitement conservées. Il n'en est pas de même de la médaille qui a été fort altérée par la rouille : la face représente la tête de l'empereur Valens, couronnée de laurier, avec ces mots : D. N. VALENS AVG., c'est-à-dire, *dominus noster Valens Augustus;* et le revers, une figure debout, ailée, tenant de la main droite une patère, avec cette légende : ....CITAS PVBLICA, c'est-à-dire, *felicitas publica* [55] : elle fut trouvée, dit-on, dans la mâchoire même du squelette.

Cette médaille donne la date de ce monument;

il doit être des dernières années du quatrième siècle, puisque Valens régna de 364 à 378. Mais à quel personnage appartenait ce tombeau ? les poteries, la lampe, la médaille, les quatre lances, peuvent-elles, à défaut d'inscription, l'indiquer suffisam-ment ? je le pense.

On découvrit, il y a quelques années, dans un tombeau , près de Carnac, des médailles romaines et cinq lances. Un antiquaire du pays voulut prouver que ces armes étaient des lances d'honneur, *hastæ do-naticæ* [56], et que ce devait être un usage, à Rome, dans les derniers temps, de mettre, auprès des guer-riers morts, les présens militaires qu'ils avaient reçus de leurs chefs ou des empereurs. Sans doute, on accordait à Rome aux soldats, aux décurions, aux centurions, aux tribuns, etc., des enseignes (*vexilla*), des colliers (*phaleras*), des bracelets (*armillas*) [57], des lances d'honneur, et l'antiquaire breton aurait pu citer ce passage d'un discours du vieux Caton : *Majores seorsum atque divorsum pretium paravere bonis atque strenuis, decurionatus, optio-natus, hastas donaticas aliosque honores* [58] : « Nos » aïeux récompensèrent de mille façons les bons et » les braves par des décurionats, des optionats, des » lances donatiques et d'autres honneurs. » Mais il aurait pu voir aussi, dans Festus et dans Servius [59],

que les lances d'honneur étaient des lances sans fer
(*hastæ puræ*) ornées de ciselures en argent, que
quelquefois même elles étaient d'argent massif. On
ne peut donc pas s'arrêter à cette explication pour
les lances découvertes à Épône. Ne pourrait-on pas
croire plutôt que le corps trouvé dans cette tombelle
était de quelque tribun ou de quelque centurion
primipile qui périt en cet endroit? et que les quatre
lances indiquaient le nombre des centuries [60] qu'il
commandait? ou enfin, ne serait-il pas plus simple
encore d'imaginer, et cette conjecture me paraît la
plus vraisemblable, que la lampe sans ornement,
que les poteries grossières, que la petite médaille
de bronze et les quatre lances annoncent la sépulture
de quelque soldat étranger, servant dans les armées
romaines et appartenant à l'un de ces peuples qui,
à l'exemple des Ibères, selon ce que raconte Aris-
tote [61], mettaient dans la tombe du guerrier autant
de lances qu'il avait tué d'ennemis? ne serait-ce
même pas un Ibérien, d'abord soldat de Valens [62],
puis de Valentinien, qui reposait dans le *tumulus*
d'Épône, après avoir été inhumé selon le rit de son
pays?

Comme M. de Stack avait fait suspendre tout travail à la première découverte de cette antique sépulture, nous entreprîmes, en septembre 1833,

M. le baron de Vincent et moi, de fouiller tout le terrain qui environne ce tombeau. Cette fouille fut assez heureuse ; car nous trouvâmes, en peu de temps, un caveau, des tuiles, une patère, les débris de deux vases élégans, en poterie rouge, un petit groupe en bronze, une hache, une lame de couteau, quelques fragmens de bracelets, etc. Le caveau, beaucoup moins grand que celui d'*Hérubé*, était bâti tout-à-fait de même, en pierre grossière et en terre ; mais il ne renfermait aucun ossement. M. de Vincent pense que ce caveau était primitivement une sépulture gauloise ; que cette sépulture aura été violée durant les quatre premiers siècles, et qu'à la même époque on aura rempli ce caveau en y jetant la terre sablonneuse et les nombreux débris de poterie gallo-romaine, que notre fouille a soulevés.

Parmi les tuiles trouvées entières, plusieurs sont larges, plates, épaisses, à rebords, la plupart sont creuses ; la lithographie de la planche IV, n°° 28, 29, 30, indique assez bien comment ces tuiles creuses recouvraient les tuiles à rebords, qui s'emboîtaient les unes dans les autres : on conserve encore l'usage de ces tuiles en Italie et dans plusieurs de nos départemens.

Le vase n° 24, léger, élégant, au col long et étroit, au vernis brun, servait au vin, à l'huile, aux parfums : cette espèce de vase s'appelait *guttus*, parce qu'il ne laissait échapper la liqueur que goutte à goutte (*guttatim*); ce vase était sur la table d'Horace :

> *Adstat echinus*
> *Vilis, cum patera guttus, Campana supellex* [51].

Le vase n° 26, d'une pâte extrêmement fine, d'un beau vernis rouge, rappelle, par sa forme, la patère antique qui recevait le sang de la victime ou le vin des libations.

Si cette patère et ce *guttus* élégant offrent de l'intérêt, les débris des vases n°s 5 et 6 en méritent encore plus. La pâte de ces deux vases est d'un beau rouge et d'une grande finesse ; son vernis a le plus brillant éclat. Mais ce qu'il faut surtout remarquer, ce sont les reliefs de ces vases qui rappellent les plus beaux de Pompéi ou d'Herculanum.

Les reliefs du vase n° 6 représentent un quadrupède qui a l'air d'une louve ; la tête et les jambes d'un homme, dont les talons ailés semblent annoncer Mercure ; et le Sphinx grec qui se distingue par ses ailes du Sphinx égyptien qui était sans ailes [54].

Une tête d'oie dans un médaillon ; un homme

d'une très-petite taille, avec un très-gros ventre, et qui joue des cymbales; une femme ailée, aux formes élégantes, debout sur un nuage, revêtue d'une tunique longue, sans manches, que recouvre le *peplum* [65], soutenu sur ses épaules par deux agrafes, et qui porte dans sa main droite un croissant, et dans sa main gauche une palme; cette même femme représentée jusqu'à la ceinture; enfin quelques ornemens d'un travail délicat, voilà ce qu'on peut remarquer sur les débris du vase n° 6. Comme on voit souvent sur les médailles la Fortune revêtue de deux robes ondoyantes, posée sur un nuage, avec un croissant auprès d'elle, pour signifier qu'elle gouverne tout ce que la lune éclaire, on a cru que ce relief représentait la Fortune [66]; je crois plutôt qu'il représente la Victoire : ses ailes et sa palme semblent l'annoncer. La figure d'homme, qui est en regard de la Victoire, rappelle Silène qui éleva Bacchus; mais il faut, je crois, y voir avant tout un caprice d'imagination de l'artiste.

Le groupe n° 22, d'un travail achevé, représente Castor et Pollux, qui semblent porter des boucliers. Ce petit bronze rappelle, pour l'élégance du travail et pour la grandeur, les deux statuettes d'Esculape et d'Hygia, découvertes à Portici et gravées par Piroli; il me paraît avoir servi d'or-

nément ou plutôt de manche à un couteau de
sacrificateur ; on voit encore la place de la lame
aujourd'hui brisée.

La hache, trouvée à Épône, ressemble à la hache
des anciens, appelée *dolabra;* mais la rouille l'a
tout-à-fait altérée ; il en est de même du long couteau de fer, qui est un *secespita :* il servait à dé-
pouiller les victimes.

Nous avons encore trouvé, au milieu des débris,
les fragmens d'une aiguière (*hydria*) de forme assez
élégante, mais sans ornement, et des restes de
fibules et de bracelets, etc.

La découverte de ce tombeau appuie le fait historique que j'ai indiqué dans mon *histoire des environs
de Mantes* [67] ; c'est qu'Épône, située sur la voie romaine de Lutèce à *Mediolanum Eburovicum,* et dont
le coteau domine la vallée de la Seine, a dû être un
poste militaire dès les premiers temps de la conquête romaine. Les médailles des premiers empereurs, recueillies à Épône, vers la fin du dernier
siècle, par M. Hérault de Séchelles ; la médaille
n° 18 trouvée près de la ferme de Velanne, en 1834,
représentant d'un côté la tête radiée d'Aurélien, avec
les mots : IMP. C. AVRELIANVS AV, *imperator Cæsar
Aurelianus Augustus,* et, au revers, la Providence

debout, tenant une enseigne de chaque main,
et ayant devant elle le soleil qui porte une palme
de la main droite et un globe de la gauche, avec
cette légende : PROVIDEN. DEOR. , *providentia
deorum*, exergue LXXT. [68] ; cette *tombelle*, ces
ossemens, ce petit groupe de Castor et Pollux,
cette patère, cette hache, ce *secespita*, indiquant
qu'il y eut là, près de la rivière de Maudre, un monument religieux ; tout, enfin, prouve le séjour
des Romains sur cette limite du pays des Carnutes.
Si on demande quel était ce monument religieux,
je répondrai que ce pouvait être une chapelle, un
sacellum [69] élevé près du *tumulus*, et où chaque année,
sans doute, se célébraient [70] les fêtes solennelles des
morts, appelées *feralia*.

C'est sur cette rive gauche de la Seine, près de la
même voie romaine, qu'on a découvert, en 1831,
dans un champ du territoire de Rosny, les vases
n° 25. Ces deux vases, de couleur brune, de forme
renflée et à large ouverture, contenaient des cendres
mêlées à de la terre noire, et des restes d'ossemens
qui tombèrent en poussière ; près de là se trouvaient
quatre médailles et des morceaux de charbon en
assez grande quantité. Cette découverte a quelque
importance ; elle explique un passage obscur de
Cicéron, au second livre *des Lois* [71]. C'est dans ces

petits vases, urnes funéraires des pauvres, qu'on renfermait l'os réservé et les parfums offerts aux morts; on déposait ensuite, dans le sein de la terre, ces vases qu'on entourait religieusement des restes du bûcher, ainsi que le prouvent les charbons trouvés à Rosny; c'était dans de grandes urnes en terre, en verre, en marbre ou en argent, que les Romains riches renfermaient l'os réservé et les débris du bûcher; cet usage avait pour but de concilier la méthode de brûler les morts et celle de les inhumer. Les quatre médailles, n°s 10, 11, 12 et 13, trouvées près de ces urnes, appartiennent au règne d'Antonin et de Marc-Aurèle; elles représentent, la première, la tête d'Antonin, avec ces mots: ANTONINVS AUGVS. P. F. TR. P. XVI, et, au revers, l'Abondance debout, entre deux corbeilles d'épis de blé, avec cette légende: ANNONA; dans le champ, S. C. La seconde, en argent, la tête de Marc-Aurèle, avec ces mots : AURELIVS CAESAR AVG. PII. FIL.; au revers, une femme debout, devant un autel, tenant de la main droite une patère, de la gauche une enseigne, avec cette légende : TR. POT. VI. COS. II. La troisième, en argent, la tête de l'impératrice Faustine mère, avec ces mots : DIVA FAVSTINA; au revers, AVGVSTA, femme assise, tenant une patère de la droite et un sceptre de la gauche. La quatrième, la tête de Lucilla : LVCILLA ANTONINI ; au revers, femme debout, légende effacée [72].

On trouva, en 1824, dans la même commune, près de l'ancien bassin du parc de Rosny, environ six cents médailles dans un vase de terre assez grossier ; elles sont à l'effigie d'ANTONINVS, de PHILIPPVS, de VALERIANVS, de GALLIENVS, d'AVRELIANVS, de TACITVS, de PROBVS : neuf autres médailles des mêmes empereurs furent encore trouvées, la même année, dans le parc de Rosny, lorsqu'on creusa le lit de la petite rivière. Déjà, en 1812, on avait découvert, dans le même domaine, à moitié chemin de l'ancien vestibule du château au pavillon des bains, quatre-vingt-huit médailles, petit bronze : il y en avait deux de FL. JVL. HELENA AVGVSTA, mère de Constantin-le-Grand ; vingt-une de FL. CONSTANTINVS AVG., Constantin-le-Grand ; dix de FL. JVL. CRISPVS NOB. CAES, fils de Constantin et de Minervine ; deux de FL. MAX. FAVSTA AVG., deuxième femme de Constantin ; vingt-deux de CONSTANTINVS JVN. NOB. C., Constantin, fils aîné de Constantin et de Fausta ; neuf de FL. JVL. CONSTANTIVS, deuxième fils de Constantin et de Fausta ; huit de LICINIVS AVG., Licinius, beau-frère de Constantin ; sept de VRBS ROMA, au revers : la louve allaitant Romulus et Rémus ; sept de CONSTAN-

TINOPOLIS : au revers, une Victoire sur la proue
d'un vaisseau, avec une lance et un bouclier. Toutes
ces médailles ou monnaies étaient sans doute en-
fouies là depuis la fin du quatrième siècle ou le
commencement du cinquième [73].

C'est à une lieue environ de Rosny, au hameau
de la Belle-Côte, que M. l'abbé Desfonds, curé de
Boissy-Mauvoisin, découvrit, en 1819, la médaille
d'HADRIANVS AVG., n° 9, représentant, au revers, une femme debout, qui tient une hampe de
lance (*hasta pura*) [74]. L'instrument en bronze,
n° 27, a été trouvé dans la même commune ;
j'ignore, je l'avoue, quel était l'usage de ces ha-
chettes : la seule observation que je ferai, c'est
qu'on a tort de les appeler des haches gauloises,
puisqu'on en a découvert un grand nombre à
Pompeï et à Herculanum [75].

Deux autres communes, Port-Villez et Montreuil,
auraient, en s'en rapportant à la tradition, l'une
un *camp de César*, l'autre un camp des légions de
l'empire ; mais il faut se défier des camps romains
dans les Gaules : il n'y a peut-être pas un canton
en France, pour peu qu'il s'y soit rencontré un
jour un antiquaire ou un demi-antiquaire, où l'on
ne trouve un *camp de César* et un long mémoire
pour *démontrer ce fait historique*.

Le camp de César, que j'ai visité, à Port-Villez [76], me paraît tout simplement un camp du quatorzième ou du quinzième siècle. Il n'en est pas de même du camp du *Mont-Terrier* [77] : je le crois d'origine romaine. Les débris de poteries gallo-romaines, l'immense quantité de briques couvrant encore le sol, les médailles découvertes par M. Lerat de Magnitot [78], les deux médailles, récemment trouvées, des empereurs PROBVS, n° 14, et GALLIENVS, n° 15 [79], semblent donner une garantie à la tradition populaire. On reconnaît encore en outre les traces du camp, et les lignes ont entre elles des rapports qui empêchent de penser que ces lignes puissent être l'effet du hasard. C'était sans doute un camp d'observation; placé à 1,300 mètres de la voie romaine de *Rotomagus* à Lutèce, et à 4,600 de Saint-Clair, qui, à toutes les époques, a dû être un point militaire de la plus grande importance, le mouvement de terrain, que le Mont-Terrier couronne, s'isole entièrement des ramifications qui partent du Mont-Javoult et de la montagne de Serans, centre de tous les mouvemens de cette partie, et domine tous les plateaux environnans. Sa hauteur, au-dessus du niveau de la mer, est de 156 mètres; le col qui sépare les vallées de Buhy et du hameau du Vaumion, est élevé de 125 mètres : il a donc 31 mètres d'élévation au-dessus du sommet de ces vallées; le plateau du télégraphe de la Chapelle est plus bas de 3 mètres. L'avantage immense que présente cette disposition du terrain a dû nécessairement appeler l'attention des Romains ; leurs poteries et leurs médailles rendent témoignage de leur séjour en cet endroit. Le détachement placé sur le Mont-Terrier devait appartenir à la XIe légion, qui avait son camp à Vernonnet, sur les hauteurs, en face de Vernon ; et il communiquait sans doute avec elle par les vallées de l'Aubette, de l'Epte et de la Seine [80].

Au commencement de 1830, des ouvriers, travaillant à la route n° 22, de Chaumont à Vernon, découvrirent, près de Roconval, au milieu de nombreux restes d'ossemens et de poteries gallo-romaines, quatre médailles qui sont ici sous les n°s 8, 14, 16 et 17 : la première représente la tête de Néron, NERO CAESAR..... P. M. IMP., et, au revers, le temple de Janus avec cette légende : PACE P. R. VBIQ. PAP...... M. CLVSIT [81] ; la seconde est de l'empereur Gordien : IMP. GORDIANVS. PIVS. FEL. AVG., tête radiée ; au revers, FORT. REDVX, la Fortune assise, tenant un timon de la droite, une corne d'abondance de la gauche : près d'elle est une roue [82] ; la troisième est de l'empereur Claude le Gothique, IMP. CLAUDIVS : on voit, au revers, un génie debout, et, aux pieds de ce génie, un vase de parfums qui brûlent; la quatrième est de l'empereur C. M. CASS. LAT. POSTVMVS P. F. AVG., tête radiée; au revers, la Fidélité debout, tenant une enseigne de chaque main, avec la légende : FIDELITAS MILITVM [83].

La médaille en argent, de l'empereur Auguste, n° 7, a été trouvée à Montchauvet; la médaille en or, de l'empereur Flav. Jul. Constance, n° 20, l'a été à Septeuil. La première représente la tête de l'empereur Auguste, avec ces mots : CAESAR AVGVSTVS; au revers, pour légende, OB CIVIS; et sur un bouclier, dans une couronne de chêne : S. P. Q. R. C L. V. On voit, sur la seconde, la tête de Flav. Jul. Constance, avec ces mots : FL. IVL. CONSTANTIVS PERP. AVG.; et, au revers, GLORIA REI PVBLICAE; deux femmes assises, l'une casquée, l'autre tourelée, tenant un bouclier sur lequel on lit : VOT. XXX. MVLT. XXXX, [84], dans l'exergue KONSTAN. Cette médaille de Constance n'est pas à la Bibliothèque Royale [85].

Après avoir ainsi indiqué les monumens et les souvenirs que nous avons retrouvés, depuis quelques années, de l'époque gauloise et de l'époque gallo-romaine, je crois, avant de finir, devoir dire un mot des tombeaux en pierre qu'on découvre si souvent ici, et qu'on est dans l'usage de regarder comme des tombeaux gallo-romains.

Il n'y a presque pas d'année où l'on ne trouve des cercueils en pierre, à Épône, à Guitrancourt, à Haute-Ile, à Chérence, à Amenucourt, à Hodent, à Maudétour, à Osmoy, à Maulette [86], etc. Ces cercueils renferment des ossemens, avec des vases, des agrafes, des poignards, des épées rouillées, quelquefois des cuirasses, des casques. Si quelque archéologue avait le désir, dans un intérêt de science, d'étudier ces cercueils, il pourrait, en s'adressant à la bienveillance de MM. Loiseau d'Épône, Deschamps de Gargenville, Basserre de La Roche-Guyon, Aulet de Houdan, se donner le plaisir de trouver autant de ces tombeaux qu'il le voudrait; j'en ai déjà vu découvrir près de trente depuis quatre ans.

Dès que la charrue met à nu un de ces cercueils, renfermant quelque vase, quelque épée, quelque médaille, quelque casque, le bruit se répand aussitôt qu'on a découvert un tombeau romain, un vase romain, une épée romaine, une médaille romaine, un casque romain, etc. C'est un préjugé qu'on rencontre presque partout en France [87], et dont je crois devoir faire justice, en rappelant brièvement quelles furent les anciennes sépultures de la Grèce, de l'Italie, de la Gaule, et de la France du moyen-âge.

Selon Cicéron, la sépulture la plus ancienne (*antiquissimum*) est celle que choisit Cyrus dans Xénophon : « le corps, dit-il, est rendu à la terre, » et là, doucement déposé, il semble couvert du » voile d'une mère. » En Grèce et en Italie, on brûlait les corps ou on les enterrait. « A Athènes, » ajoute le même Cicéron, la coutume, depuis » Cécrops, était de les couvrir de terre. Les plus » proches parens jetaient la terre eux-mêmes, » et, lorsque la fosse était comblée, on semait » des graines sur cette terre dont le sein, comme » le giron d'une mère, s'ouvrait pour le mort, et » dont le sol, purifié par cette semence, était » rendu aux vivans [88]. » A Rome, Numa fut enseveli dans le tombeau voisin des autels d'Égérie. La famille Cornelia enterrait ses morts. Sylla est le premier des Cornelius patriciens qui fut brûlé ; comme il avait exhumé le cadavre de Marius, il craignit la peine du talion [89]. Durant 1600 ans et plus, la coutume de brûler les corps et celle de les enterrer régnèrent ensemble en Grèce et en Italie ; mais dans les Gaules, dans la Bretagne, dans la Germanie, dans tous les pays enfin où ils portèrent leurs armes, les Romains, jusqu'à la fin du quatrième siècle, brûlèrent toujours leurs morts. « Ils

» avaient reconnu que les tombeaux n'étaient pas
» des asiles sacrés contre les barbares [90]. »

Dans les Gaules, les Gaulois brûlaient leurs morts
ou les inhumaient : ces deux usages subsistèrent en
même temps chez eux comme chez tous les peuples
septentrionaux [91]. Si on lit dans César [92] et dans
Pomponius Mela [93], que les Gaulois brûlaient leurs
morts [94], les antiques *hypogées* d'Abbeville, de Co-
cherel [95], d'Hérubé et de Bézu, avec leurs squelettes
entiers, leurs haches de pierre, leurs os taillés en
armures de flèches, et leurs poteries grossières,
prouvent que cet usage n'excluait point chez eux le
mode de l'inhumation.

En Grèce et en Italie, la coutume de brûler les
morts commença à tomber en désuétude à la fin
du second siècle [96] ; elle avait cessé tout-à-fait au
commencement du cinquième, sous le règne de
Théodose le jeune : *licet urendi corpora defunctorum
usus*, dit Macrobe, *nostro tempore nullus sit* [97].

Le christianisme fut le plus puissant instrument
de cette réforme ; les chrétiens de la primitive église
blâmaient les païens de brûler les morts et d'anéantir
ainsi les restes et la mémoire de leurs proches ; et
s'appuyant sur ce texte de la Genèse : *tu retourneras
en la terre d'où tu as été tiré*, ils inhumaient les

corps selon le rit des Juifs. Après les avoir em-
baumés et enveloppés de bandelettes, ils les con-
fiaient, sans les mettre dans des cercueils, à quelque
crypte solitaire ou à quelque caverne taillée dans le
roc, en mémoire de la caverne d'Ephron, tombeau
d'Abraham et de Jacob [98]. Ils avaient coutume de les
poser sur le dos, le visage tourné vers l'orient, et de
placer auprès d'eux les marques de leur dignité, les
instrumens et les actes de leur martyre; leur nom,
des médailles, des feuilles de laurier ou de quelque
arbre toujours vert, une croix, l'évangile, et dans
une petite urne en verre ou en terre quelques gouttes
de leur sang, de ce sang précieux qui, selon Ter-
tullien, était une semence de chrétiens : *sanguis
semen christianorum* [99].

Les Gaulois, les Germains, les Francs, les Goths,
renoncèrent, à la même époque, à l'usage de
brûler les morts; ils les enterraient et mettaient auprès d'eux des parfums, des trésors, des armes [100];
ils recouvraient ces tombeaux d'énormes pierres.
Le plus souvent même, pour les protéger contre les
violations si communes en ces temps, et parce que
le mode de sépulture inventé par les compagnons
d'Alaric n'était pas d'un usage facile [101], ils obser-
vaient de ne placer aucune inscription en dehors
des sépulcres [102]; ce soin fut, pour la même cause,

rigoureusement observé durant tout le moyen-âge.

C'est vers le commencement du cinquième siècle que se répandit, en Gaule, l'usage d'inhumer, dans des cercueils de pierre, les rois, les saints, les puissans et les riches. Sans doute déjà cette sépulture avait été celle de quelques Romains de l'empire et même de la république; de quelques chrétiens des premiers siècles, de quelques Gaulois convertis à la foi nouvelle; mais c'étaient de rares exceptions; et si on découvre aujourd'hui, en France, des médailles romaines dans des tombeaux en pierre, c'est que la monnaie romaine fut encore, après la conquête des Francs, la monnaie courante du pays; on en trouve dans les tombeaux des rois de la première race.

Une pierre profondément creusée, et couverte d'une autre pierre plate ou en forme de voûte, tel fut le cercueil chrétien du moyen-âge; quelquefois ce bloc de pierre, creusé pour servir de tombeau à quelque saint évêque, est un reste de monument romain, sur lequel se lit même encore aujourd'hui une inscription païenne [103]. On mettait dans ces cercueils, à côté des rois, leur diadème, leur sceptre, leur épée, leur ceinture, des pièces d'argent, un vase en verre rempli de parfums [104]; à côté des saints, des évêques, ou des abbés, les marques de leur dignité, un crucifix, des parfums, de l'eau bénite dans une petite urne en terre ou en verre; à côté des seigneurs, leur épée, 'etc. Les rois, les reines, les évêques, les abbés, les abbesses, les religieux, les religieuses, étaient toujours ensevelis avec leurs plus beaux habits; les chevaliers du temps des croisades se faisaient enterrer, armés de toutes pièces, avec leurs chausses de mailles, leurs éperons, leur baudrier et leur épée; leur poignard, nommé *miséricorde* [105], leur haubert, leur écu, leur lance et leur heaume. La dernière volonté des mourans, les regrets ou les caprices des familles, les différens usages des provinces, expliquent la variété des objets qu'on rencontre dans ces tombeaux.

De tous les cercueils en pierre découverts ici, il n'en est pas un seul qui remonte à l'époque gauloise ou à l'époque gallo-romaine; ils portent tous la date du moyen-âge : la plupart appartiennent aux onzième, douzième, treizième et quatorzième siècles. Le vase n° 32 a été trouvé dans un cercueil de pierre, à Hodent; le vase n° 31 l'a été dans un autre, l'année suivante (1833), à Beauregard; plusieurs médailles de Saint-Louis, n° 33, offrant d'un côté une croix, avec la légende LVDOVICVS REX, et, de l'autre, ces mots : TVRONVS CIVIS, ont été trouvées également dans un cercueil de pierre, à Rosay; elles étaient au fond d'un petit vase en terre qui renfermait du charbon, et dans lequel avaient été mis, sans doute, selon l'ancien usage qui dura jusqu'au quatorzième siècle, de l'eau bénite et des parfums.

J'ai découvert, dans la commune d'Amenucourt [106], au hameau de Saint-Leu, dans les premiers jours de juin 1833, quatre sépulcres en pierre : c'était sans doute toute une noble famille du moyen-âge. Les deux premières tombes renfermaient chacune, outre un poignard et un vase tout-à-fait semblable à celui qui est représenté sous le n° 31, deux squelettes, l'un d'homme, l'autre de femme ; la troisième tombé contenait seulement un corps ; la quatrième, beaucoup plus petite, ne nous offrit qu'une poussière dessinant une forme humaine [107] ; cette poussière, que je mesurai, annonçait un jeune enfant de 15 ans ; vers l'endroit de la tête se trouvait une boucle.

A la vue de ces tombeaux que tant de larmes sans doute arrosèrent, et qui aujourd'hui meurent à leur tour :

Quandoquidem data sunt ipsis quoque fata sepulcris [108] ;

à la vue de ces ossemens et de ces grains de poussière qui furent peut-être un enfant bien aimé, l'âme s'emplit de tristesse et d'amertume, et ne se console

qu'au souvenir de cette divine parole, de cette pro-
messe d'immortalité, gravée sur un de ces cercueils
de pierre : *qui credit in mé non morietur* [109].

FIN.

NOTES.

On rencontre, dans toutes les parties du monde, des monumens de pierre qui ressemblent à nos *dolmen* et à nos *menhir*, et qui, comme eux, ont été ou sont encore des objets de vénération pour les peuples. Les Hébreux adoraient des pierres élevées ; les Chinois, de grosses pierres ; les Indiens, une pierre trouée, nommée *Salagramman;* les Arabes, une pierre cubique ; les Mahométans, la pierre noire, qui *pleura les péchés des hommes.* En Grèce, les habitans de la Phocide rendaient un culte à une pierre placée près du tombeau de Néoptolème ; les habitans de Pharès se prosternaient devant trente pierres carrées : en Italie, à Rome, le dieu Terme était une pierre brute, s'élevant sur l'immobile rocher du Capitole, *Capitoli immobile saxum;* Jupiter Pierre, *Jupiter Lapis,* était adoré dans un temple : en Allemagne, en Angleterre, en France, en Espagne, en Portugal, partout enfin, on retrouve les pierres brutes, comme premiers symboles religieux des peuples.

M. Cambry, dans son ouvrage intitulé : *Monumens celtiques,* où il confond le druidisme avec le culte des pierres, cherche à établir que ce culte fut répandu dans le monde par les peuplades sorties de la Celtique : «L'analogie entre la » doctrine des Druides et celle d'Orphée, de Zoroastre, » des Egyptiens, dit-il, établit une identité de principes » religieux qui démontrent un même foyer, une même » source ; et le peuple Celte est le seul qui ait porté ces ré-

» sultats dans l'univers. » Le Brigant, Latour-d'Auvergne regardaient aussi les Celtes comme les précepteurs des peuples. Le Brigant, qui avait pour devise : *Negatâ Celticâ, negatur orbis,* soutenait même que le peuple Celte était le peuple primitif ; que la langue celtique était la langue mère de toutes les langues ; que c'était en langue celtique qu'Adam et Ève *causaient ensemble* dans le paradis terrestre, et que ce fut aussi dans cette langue que Dieu et le Serpent leur parlèrent.

Peu de savans partagent aujourd'hui l'enthousiasme de Le Brigant pour la langue celtique ; mais on rencontre encore de célèbres antiquaires qui confondent, comme M. Cambry, le culte des pierres avec la religion druidique, et qui pensent que celle-ci a servi de base aux religions de l'Orient. Cette opinion est tout-à-fait inadmissible ; long-temps sans doute avant l'ère chrétienne, des peuplades conquérantes partirent du nord et de l'ouest de la Gaule et s'établirent en Asie ; mais elles allaient chercher, et non porter, la civilisation dans ce jardin délicieux et merveilleux de l'Asie « où étaient nées, pour se répandre de » là sur le monde, la civilisation, les lettres, la religion, l'a- » griculture, la science du droit et des lois, *unde humanitas, doctrina, religio, fruges, jura, leges ortæ atque in terras omnes distributæ.* (Cic. *pro L. Flacco,* cap. 26). Dépossédées de leurs conquêtes six siècles environ avant notre ère, ces peuplades revinrent dans la Gaule, rapportant de l'Orient quelques idées confuses, quelques vagues doctrines, d'où sortit le druidisme.

Mais ce culte, qu'on peut regarder comme une forme déjà épurée du sentiment religieux, ne fut pas le premier culte des Gaulois ; le fétichisme le plus grossier s'était répandu dans les Gaules long-temps avant le druidisme. C'est qu'en effet

la première religion de l'homme non civilisé est l'adoration
de la nature extérieure, de la pierre brute , comme symbole
d'immutabilité ; du chêne , comme symbole de force ; du
soleil , etc. ; enfin de tous les objets matériels qui remuent
fortement son imagination. Ce n'est donc point dans les
voyages ou dans les conquêtes des Gaulois en Europe , en
Asie , mais dans les lois de la civilisation elle-même qu'il
faut chercher l'explication de ce culte des pierres , répandu
non-seulement en Gaule , en Brétagne , én Germanie ,
en Asie , mais en Afrique , en Amérique , et au milieu des
îles de l'Océanie. En parcourant l'histoire des formes religieuses , on trouve partout le culte de la nature extérieure ,
comme point de départ de l'esprit humain.

. * La Gaule , appelée *Gallia transalpina* par les Romains ,
était divisée , au temps de César , en *belgique*, *celtique*,
aquitanique : la *Gaule narbonnaise* non comprise ; celle-ci
ayant été réduite en province par les Romains, 120 ans avant
l'ère chrétienne. Les *Carnutes*, qui, avant la conquête ,
dépendaient des *Bituriges*, et avaient pour capitale *Gena-
bum*, étaient le peuple le plus célèbre de la Celtique et de
toute la Gaule ; les *Vélocasses* (Vexin Normand et Français) ,
que beaucoup de géographes ont le tort de confondre avec
les *Bellocassi*, ou de placer dans la Celtique, faisaient partie
de la Belgique : leur capitale était *Rotomagus* , Rouen.
M. Amédée Thierry expose , dans son *Histoire des Gaulois*, que le mot *Celte*, devenu chez les Grecs synonyme de
gaulois et d'*occidental*, et de *Gall* chez les Romains , avait
dans la Gaule une acception bornée et locale ; et que la
confédération dite *celtique* chez les Galls, habitait en partie parmi les Ligures , en partie entre les Cévennes et la
Garonne , le plateau Arverne et l'océan. Je me conformerai
néanmoins , dans cette publication , à l'usage des antiquaires, d'appeler du nom générique de *Celtes*, les tribus des

4

Galls et des *Cymres*; qui sont deux branches de la même famille.

¹ Une constitution de Childebert, de l'an 555, porte que ceux qui ne rejetteront pas de leur champ, en quelque endroit qu'ils soient, les simulacres érigés aux dieux, seront traités comme des sacriléges. *De agro, ubicumque fuerint simulacra constructa,... non statim abjecerint,.... non aliter discedant nisi in nostris obtutibus præsententur. Qualiter in sacrilegis dei injuria vindicetur.....* Chilpéric suit cet exemple; Charlemagne, par un capitulaire de l'an 789, proscrit, comme exécrable à Dieu, le culte rendu aux arbres, aux pierres, etc. *Item de arboribus, vel petris, ubi aliqui stulti luminaria vel alias observationes faciunt, omnino mandamus, ut ipse pessimus usus et deo execrabilis ubicumque invenitur tollatur et destruatur.* Les conciles, qui ne voulaient pas rester en arrière des rois, excommuniaient les adorateurs des *dolmen* et des *menhir : Qui saxa veneratur... si hæc eruere neglexerit, sacrilegii reum se esse cognoscat... communione privetur.*

² Comme beaucoup d'antiquaires, même fort instruits, confondent souvent les noms de *dolmen*, de *menhir*, de *peulvan*, de *cromlech*, de *tombelles*, de *barrow*, je crois utile de donner ici le vrai sens de ces divers mots.

Le *dolmen* (du bas-breton *taol*, *tol*, *dol*, en construction, table, et *men*, pierre, selon M. Éloi Johanneau) est composé d'une table de pierre brute, élevée sur plusieurs pierres debout; cette table est quelquefois en deux ou plusieurs fragmens. Le *dolmen* est connu dans un grand nombre de départemens sous les noms de *pierre levée, pierre levade, pierre couverte, table* ou *tuile des fées, table du diable,* etc.

Le *menhir*, ou, avec l'article, *ar menhir* (du breton *ar*, le, *men*, pierre, *hir*, longue, au pluriel *mein-hirion*), est une pierre longue, isolée, plantée debout en terre, s'amoindrissant ou s'élargissant vers le sommet; on désigne en France le menhir sous les noms de *pierre fiche*, *pierre fichade*, *pierre fixe*, *pierre file*, *pierre de Gargantua*.

Le *peulvan* (de *peul*, pilier, et *maën*, *mean*, *man*, en construction, *van* ou *ven*, pierre) est un obélisque brut; le *menhir* et le *peulvan* sont deux noms d'un même monument.

Le *cromlech* (de *cromm*, courbe, et *lec'h*, pierre sacrée) est une enceinte de pierres brutes, disposées circulairement.

On désigne en France sous le nom de *tumuli*, de *tombelles*, de *buttes*, des éminences de terre rapportée, de forme conique, de un à trente mètres d'élévation; on les nomme en Angleterre *barrow*, en Ecosse *moat-motte*, en Zélande *terpen :* les Latins les appelaient *Mercuriales*, ou *Mercurii acervi*.

5

> *Et crepat ingens*
> *Sejanus ; deinde ex facie toto orbe secunda*
> *Fiunt urceoli, pelves, sartago, patellæ ;*
> *Pone domi lauros.*
>
> Jov., sat. x, v. 62.

Le Séjan colossal dans les fourneaux pétille...
Ce front qui fut jadis le second de la terre,
Devient vase, trépied, plat, cuvette, bassin.
Va, cours, que des lauriers suspendus par ta main...

> *Trad.* de Thomas.

§ La ferme de la Garenne, située à l'est de la commune

d'Épône, appartient à M. d'Hanneucourt, qui m'a permis, avec le plus bienveillant empressement, de faire des fouilles dans tout le domaine de la Garenne : c'est un devoir et un besoin pour moi de lui en exprimer ici ma reconnaissance. — *Meulent* doit s'écrire ainsi. *Statist.*, pag. 239.

[7] Dans son beau travail sur Dieppe et les environs, M. L. Vitet, inspecteur-général des monumens historiques de France, parle d'une découverte faite à la cité de Li- mes par M. Féret, et qui a beaucoup de rapport avec la découverte d'Épône. « Le premier tertre qui fut ouvert, » dit-il, contenait à sa base des restes d'ossemens, des » débris de vase, une grande quantité de charbons, » des fragmens de cuivre oxidé et de fer rongé par la » rouille. On en ouvrit un second et l'on y fit les mêmes dé- » couvertes.... Tout, dans ces monticules, était exactement » conforme à l'intérieur des *tombelles* ou *tumuli* dont les » peuples septentrionaux faisaient leur sépulture. Ce ne » sont pas les Romains qui se contentaient de ces rustiques » tombeaux, l'usage remonte à l'invasion des Gaules; et si » les Gallo-Romains ont pu, dans certains lieux, s'y confor- » mer encore long-temps après la conquête, ce ne fut » qu'avec des modifications et des raffinemens qui donnent » à ces tombelles plus modernes un caractère particulier et » facile à reconnaître. » (Tom. II, pag. 297.)

[8] Je m'attendais à trouver, dans ce tombeau, de très-grands ossemens, *grandia ossa;* j'ai été fort surpris de voir que ces squelettes n'avaient qu'une taille ordinaire de 1,620, 1,674 ^{m} (5 pieds, 5 pieds 2 pouces). La tête, conservée en-tière, a été adressée au savant professeur Duméril; il n'y a rien trouvé qui indiquât une différence notable avec notre race.

[9] Ce qui précède et ce qui va suivre est littéralement

extrait de la description qui a été faite de cet *hypogée* par M. le baron de Vincent; je le remercie de nouveau de la bienveillance avec laquelle il m'a aidé dans mes recherches archéologiques.

¹⁰ « Les fragmens de vases et de poteries qu'on a ramassés dans les *tumuli* de la cité de Limes, dit M. Vitet, » sont tellement grossiers, qu'il est impossible de se méprendre sur leur date; la pâte en est friable, mal préparée, pleine de petits cailloux d'une couleur brune et » noirâtre; elle n'a pas subi l'action du feu et a été moulée, » non point au tour, mais à la main. Ce n'est que dans les » tombeaux gaulois, antérieurs à la domination romaine, » qu'on retrouve des vases de cette espèce. »(Tom. II, p. 298.)

¹¹ «Pour monnaie, ils se servent de cuivre ou d'anneaux » de fer d'un poids déterminé. » César, liv. v, chap. xii. Cette monnaie était commune à la Gaule et à la Bretagne. — On rencontre encore près du chemin de la Garenne, avant d'arriver au *dolmen*, quelques débris du *cromlech*, dans l'enceinte duquel on a souvent découvert de ces anneaux.

¹² Les Gaulois se servaient de l'alphabet hellénique (*græcis litteris utuntur*, Cæsar, lib. vi); mais leur langue différait beaucoup de la langue grecque : ce qui le prouve, c'est que César, qui savait très-bien cette langue, fut obligé de se servir d'un interprète dans l'entretien qu'il eut avec le druide Divitiac, *per C. V. Procillum cum eo colloquitur* (lib. I, c. xix). Quant à expliquer ce *lambda* fort douteux, j'y renonce tout-à-fait. Je rappellerai seulement, d'après un ancien, que «dans les Gaules les sentences capitales étaient » prononcées du haut d'un chêne et écrites sur des os; » *de robore proferuntur et scribuntur in ossibus.*

¹³ Le savant historien des Gaulois, M. Amédée Thierry, ne me paraît pas avoir traduit ici avec sa fidélité ordinaire la pensée de César : « La plus solennelle de ces assemblées, dit-il, se tenait une fois l'an, *sur le territoire des Carnutes, dans un lieu consacré qui passait pour être le point central de toute la Gaule.* » (Tom. ɪɪ, pag. 106.) Selon César, c'était le pays des Carnutes même, et non ce lieu consacré, qui était regardé comme le milieu de toute la Gaule. Le même historien, quelques pages plus haut, a rendu le *Dis* de César (*se ab Dite Patre prognatos prædicant*) par le mot *Pluton;* comme on a beaucoup reproché à César d'avoir pris le *Dis* des Gaulois pour le *Dis pater* des Romains, et d'avoir ainsi confondu le jour et la nuit, c'était une obligation pour le traducteur de ne point altérer ce nom.

¹⁴ Hadrien de Valois, *Notice des Gaules,* au mot *Carnutes.* Quant au nom corrompu du village de Flins, *Finès,* il me semble indiquer que ce lieu était la limite qui séparait le pays de Madrie du Pincerais.

¹⁵ Sacrificateurs, législateurs, juges, médecins, devins, professeurs, philosophes, astronomes, les Druides, élèves de l'Orient, rappellent les prêtres juifs, les mages persans, les bracmanes indiens. Ministres des choses divines, ils avaient la puissance de l'excommunication contre ceux qui n'obéissaient point à leurs jugemens ; ils étaient exempts du service militaire ; ils ne payaient point d'impôts comme les autres citoyens, etc. ; ils enseignaient à la jeunesse leurs dogmes religieux, en lui défendant de les divulguer, et même de les mettre par écrit ; la métempsychose était un de leurs dogmes, comme nous l'apprennent César, Valère Maxime, et les beaux vers de Lucain :

> *Et vos barbaricos ritus, moremque sinistrum*
> *Sacrorum, Druidæ, positis repetistis ab armis.*

Solis nosse Deos et cœli numina vobis,
Aut solis nescire datum ; nemora alta remotis
Incolitis lucis. Vobis auctoribus, umbræ
Non tacitas Erebi sedes, Ditisque profundi
Pallida regna petunt : regit idem spiritus artus
Orbe alio : longæ, canitis si cognita, vitæ
Mors media est. Certe populi, quos despicit Arctos,
Felices errore suo, quos, ille timorum
Maximus, haud urget leti metus. Inde ruendi
In ferrum mens prona viris, animæque capaces
Mortis, et ignavum redituræ parcere vitæ.

Lucan., Phars. 1, v. 450.

Et vous, Druides, vous reprenez, durant le repos des armes, vos rites barbares et les tristes solennités de vos sacrifices. A vous seuls est donné de connaître les dieux et les volontés du ciel, à vous seuls de les ignorer. Vous habitez de profondes retraites au sein de vos forêts mystérieuses. Vous enseignez que les ombres ne descendent point aux silencieuses demeures de l'Erèbe, aux royaumes souterrains du pâle Dis; que la même âme gouverne d'autres corps en un autre univers; et que la mort, si vos chants ne sont pas menteurs, n'est que le milieu d'une longue vie. Certes, ils sont heureux de leur erreur les peuples que l'Ourse éclaire, eux que ne poursuit point des terreurs la plus grande, la terreur du trépas; de là cet élan au cœur des guerriers, cette ardeur à se ruer sur le fer; de là ces âmes amoureuses de la mort et cette honte d'épargner une vie qui doit revenir.

¹⁸ Ce qui rappelle ces belles expressions de Tacite, de Pline, de Sénèque :

Nec cohibere parietibus deos, neque in ullam humani oris speciem assimulare, ex magnitudine cœlestium arbitrantur : lucos ac nemora consecrant, deorumque nominibus appellant secretum illud quod solâ reverentiâ vident.

(Tac., de mor. Germ., ix.)

Enfermer la divinité dans des murailles, ou la représenter sous quel-

que apparence de forme humaine, ne leur paraît pas digne de la ma-
jesté des dieux du ciel ; ils sanctifient les bois et les bocages, et appellent
du nom des dieux cette profondeur mystérieuse qui n'est visible que
pour leur foi.

*...... Fuere numinum templa......, nec magis auro fulgentia atque
ebore simulacra quam lucos et in iis silentia ipsa adoramus.*

(PLIN., *Hist. nat.*, lib. XII, c. 2.)

Les arbres furent les premiers temples des dieux ;... et, non moins que
leurs images brillantes d'or et d'ivoire, nous révérons les bois sacrés, et
dans ces bois leurs silences mêmes.

*Si tibi occurrit vetustis arboribus et solitam altitudinem egressis
frequens lucus, et conspectum cœli densitate ramorum aliorum alios
protegentium submovens, illa proceritas silvæ et secretum loci et admi-
ratio umbræ in aperto tam densæ atque continuæ fidem tibi numinis
facit.*

(SENEC., *epist.* XLI.)

S'il s'offre à tes regards un bois sacré peuplé d'arbres antiques, dont
les cimes s'élancent à une hauteur inconnue. et cachent l'aspect du
ciel par l'épaisseur de leurs rameaux qui se pressent et s'enlacent, la
majestueuse élévation de cette forêt, le mystère de cette solitude, la
merveille de cette ombre si épaisse et si prolongée sous un ciel éclairé,
te font foi d'une divinité.

[17] Voir, page 31, ce qui me semble le prouver.

[18] Les Bardes chantaient, en vers, les traditions nationales et les grands hommes auxquels ils promettaient l'immortalité :

*Vos quoque qui fortes animas belloque peremptas
Laudibus in longum, vates, demittitis ævum,
Plurima securi fudistis carmina, Bardi.*

LUCAN., *Phars.* I, v. 447.

Vous aussi par qui revivent les fortes âmes qu'emporte la guerre,

poëtes, dont les louanges donnent le long avenir, à loisir et sans fin,
Bardes, vous répétez vos cantiques.

En 1284, après la conquête du pays des Galles, Edouard
fit périr ce qui restait encore des descendans de ces Tyrtées
modernes ; c'était un dernier hommage rendu à la puissance
de la lyre des Bardes.

> 19.   *Et quibus immitis placatur sanguine diro*
> *Teutates, horrensque feris altaribus Hesus;*
> *Et Taranis scythicæ non mitior ara Dianæ.*
>
> Lucan., *Phars.* I, v. 441.

Peuples cruels, qui apaisent avec du sang l'inhumain Teutatès et
le farouche Hésus aux barbares sacrifices, et Taranis, non moins im-
pitoyable, sur son autel, que la Diane de Scythie.

Latour-d'Auvergne soutient, dans ses *Origines gauloises*,
que Teutatès n'était point un nom propre, mais la dénomination patronymique du dieu auquel les Gaulois et les Germains rapportaient leur origine commune ; que ce dieu
était le Soleil, et qu'en langue bretonne Teutatès, Teut-
tad-é, veut encore dire aujourd'hui *des hommes le père il*
est. César, cependant (liv. vi), et son opinion paraît vraisemblable, reconnaît dans Teutatès le Mercure du polythéisme grec et romain :

Deum maxime Mercurium colunt ; hujus sunt plurima simulacra :
hunc omnium inventorem artium ferunt : hunc viarum atque itinerum
ducem, hunc ad quæstus pecuniæ mercaturasque habere vim maximam
arbitrantur.

Le plus grand des dieux que les Gaulois adorent est Mercure (1) ; c'est

(1) C'est encore le plus grand des dieux de la Gaule du XIXᵉ siècle.

à lui qu'ils élèvent le plus de statues; c'est lui qu'ils appellent l'inventeur de tous les arts, lui le guide des routes et des chemins, lui qu'ils tiennent pour le plus puissant protecteur du trafic et du commerce.

Hésus était le surnom du dieu Mars chez les Gaulois. « Hésus, selon M. Amédée Thierry, dans son *Histoire des* » *Gaulois* (IIe partie, ch. 1, pag. 74), implanta sur le ter- » ritoire conquis par sa horde le système religieux et po- » litique du druidisme ; guerrier, prêtre et législateur » durant sa vie, Hésus jouit en outre d'un privilége com- » mun à tous les fondateurs de théocraties, il fut dieu » après sa mort. »

On trouva, en 1711, en creusant sous le chœur de l'église Notre-Dame de Paris, cinq autels gaulois chargés de bas-reliefs et d'inscriptions. Un de ces bas-reliefs représente un bûcheron couronné de feuillage et à demi nu : il tient de la main droite une serpe, et taille un chêne sur lequel il a le genou gauche appuyé ; au-dessus du bas-relief se trouve gravé le mot ESUS ; c'est le dieu gaulois. Ces autels avaient été érigés sous Tibère, comme cette inscription le prouve :

TIB CAESARE

AVG IOVI OPTVM

MAXSVMO   M

NAVTAE PARISIAG

PVBLICE POSIERV

NT

Sous Tibère César Auguste, à Jupiter très-bon, très-grand, les bateliers parisiens ont publiquement érigé cet autel (*araM*).

Taranis est le *Taran* des Gaulois ; d'après l'étymologie celtique, *Taran* est le tonnerre déifié ; *ara Taranis* est un dolmen. Teutatès a une origine phénicienne ; Hésus une origine druidique ; Taran était un dieu de pure race gauloise. .

²⁰ Pline, à la fin du XVIᵉ livre de son *Histoire naturelle,* donne de curieux détails sur la pompe religieuse avec laquelle les Druides cueillaient le gui sacré.

Nihil habent Druidæ (ita suos appellant magos) visco, et arbore in qua gignatur, si modo sit robur, sacratius. Jam per se roborum eligunt lucos, nec ulla sacra sine ea fronde conficiunt, ut inde appellati quoque interpretatione græcâ possint Druidæ videri. Enimvero quidquid adnascatur illis, e cælo missum putant signumque esse electæ ab ipso deo arboris. Est autem id rarum admodum inventu, et reperlum magnâ religione petitur ; et ante omnia sextâ lunâ, quæ principia mensium annorumque his facit, et seculi post tricesimum annum, quia jam virium abunde habeat, nec sit sui dimidia. Omnia sanantem appellantes suo vocabulo, sacrificiis epulisque rite sub arbore præparatis duos admovent candidi coloris tauros, quorum cornua tunc primum vinciantur. Sacerdos candida veste cultus arborem scandit ; falce aureâ demetit : candido id excipitur sago. Tum deinde victimas immolant, precantes ut suum donum Deus prosperum faciat his quibus dederit. Fecunditatem eo poto dari cuicumque animalium sterili arbitrantur : contra venena omnia esse remedio. Tanta gentium in rebus frivolis plerumque religio est.

Les Druides, c'est le nom de leurs mages, n'ont rien de plus sacré que le gui et que l'arbre où il s'engendre, pourvu que ce soit un chêne : aussi choisissent-ils pour demeure des forêts de chênes, et n'accomplissent-ils aucun sacrifice sans avoir des feuilles de cet arbre, si bien qu'on peut croire que le nom de Druides leur vient du mot grec. En effet, partout où le gui se produit, ils voyent là un présent du ciel et une preuve que l'arbre est choisi de Dieu même : or, il se rencontre très-rarement ; mais une fois trouvé, on le recueille avec une grande pompe religieuse, et avant tout, au sixième jour de la lune, qui règle le commencement de leurs mois, de leurs années et de leur siècle de trente ans; la lune à cette époque est déjà assez forte, sans être au milieu de son cours. Le gui, dans leur langue, s'appelle *guérit-tout*. Après avoir préparé, sous le chêne et selon le rit, les sacrifices et les festins, ils amènent deux taureaux blancs dont les cornes sont liées pour la première fois. Le prêtre, vêtu d'une robe blanche, monte sur l'arbre, coupe le gui avec une faucille d'or; on le reçoit dans une saie blanche : ils immolent ensuite les victimes, en priant le dieu de rendre son don propice à ceux auxquels il l'a fait. Ils s'imaginent que, pris en boisson, le gui donne la fécondité à tous les animaux stériles, et que c'est un remède à tout poison. Tant il y a souvent, pour les choses frivoles, de respect religieux parmi les peuples!

La récolte du gui se publiait par toute la Gaule au cri de *au gui-lan-neuf*. On retrouve encore à Gisors, et dans d'autres villes, quelques traces de cet antique usage gaulois; tous les ans à Gisors, le soir du premier janvier, les enfans de la ville vont de maison en maison, chantant sous les fenêtres *pour qu'on leur fasse un présent*, comme s'exprime la chanson; cela s'appelle demander les *aguinettes*.

Le gui était pour les Druides le symbole de l'éternité, parce que, *toujours vert, il naît sans semence sur le chêne sacré* :

> *Quale solet silvis brumali frigore viscum*
> *Fronde virere nová, quod non sua seminat arbos,*
> *Et croceo fœtu teretes circumdare truncos.*

VIRG., Æn. VI., V. 206.

Tel on voit dans les forêts, durant le froid des hivers, le gui verdir d'un nouveau feuillage, sur une tige qui n'est point sa mère, et de sa pousse jaunissante enlacer la branche arrondie.

²¹ Saint-Germain guérit un habitant d'Épône d'une luxation de la mâchoire : *in Spédoteno villâ rursus et oblatus est..... distortas maxillas reduxit.* (*Vita Sancti Germani a Fortunato,* cap. XVIII.)

²² VEXIN, par M. Levrier, Bibliothèque Royale, MS.

²³ Voir la dissertation de M. Henry, *Mémoires de l'Académie celtique,* tom. 5, pag. 321.

²⁴ *Hertham, id est terram matrem colunt.* (TAC., Germ. XL.) « Ils adorent *hertha*, c'est-à-dire la terre mère ; » en anglais *earth,* en allemand *erde.*

²⁵ Ce sanctuaire est situé dans la plaine de Landerthun et de Ferques, villages de l'arrondissement de Boulogne-sur-Mer.

²⁶ « A l'extrémité d'une côte dangereuse, sur une grève
» où croissent à peine quelques herbes, dans un sable
» stérile, s'élève une longue suite de pierres druidiques,
» semblables à ce tombeau où j'avais jadis rencontré Vel-
» léda. Battues des vents, des pluies et des flots, elles sont
» là solitaires entre la mer, la terre et le ciel. Leur origine
» et leur destination sont également inconnues. Monumens
» de la science des Druides, retracent-elles quelques secrets
» de l'astronomie, ou quelques mystères de la divinité ? on
» l'ignore. Mais les Gaulois n'approchent point de ces pierres
» sans une profonde terreur ; ils disent qu'on y voit des
» feux errants, et qu'on y entend la voix des fantômes. »

(CHATEAUBRIAND, *Martyrs,* l. X.)

J'ai recueilli depuis dix ans tout ce que les auteurs

grecs et romains ont écrit sur les Gaulois, et j'avoue que
je n'ai trouvé dans aucun antiquaire autant de vérité historique sur les origines gauloises, que dans les savantes
et poétiques pages des *Martyrs*.

27   Creusez, fouillez, béchez, ne laissez nulle place
               Où la main ne passe et repasse......
        D'argent, point de caché.

                           (LA FONT , liv. v, f. 9.)

28 On cite aussi de cette manière, à Brueil, le mot de
l'étranger : « Quel est, dit-il, l'heureux mortel qui possède
» *la Cave aux Fées*, près de l'autel des Druides? elle ren-
» ferme les dépouilles et les trésors des Gaulois. »

29 Les Sarmates, les Thraces, les Bretons, les Germains,
faisaient usage de ces souterrains :

Solent subterraneos specus aperire, eosque multo insuper fimo one-
rant, suffugium hiemi et receptaculum frugibus : quia rigorem frigo-
rum ejusmodi locis molliunt ; et, si quando hostis advenit, aperta
populatur; abdita autem et defossa, aut ignorantur, aut eo ipso fal-
lunt, quod quærenda sunt.

                           (TAC., de mor. Germ., XVI.)

Ils ont coutume d'ouvrir des cavernes souterraines, et ils les recou-
vrent d'un épais fumier; c'est leur asile contre l'hiver, c'est le dépôt
de leurs grains. Pour eux dans ces retraites la rigueur du froid s'adou-
cit, et si par hasard l'ennemi survient, il ravage la surface ; tandis que
ce qui est enfoui et caché, ou demeure inaperçu, ou lui échappe par la
nécessité même de la recherche.

Voir aussi Xénophon, Diodore de Sicile, Pomponius Mela.
M. de Châteaubriand, dans les *Martyrs* (liv. VI), s'est sou-
venu de cet usage : « Il me déposa dans une espèce de sou-
» terrain où les barbares ont coutume de cacher leur blé

» pendant la guerre. Là, il me fit un lit de mousse, et me
» donna un peu de vin pour me ranimer. »

³⁰ La commune de Brueil fait partie du canton de Li-
may.

³¹ La commune de Chérence fait partie du canton de
Magny.

³² J'extrais ces détails de la description qui a été faite
de ce tombeau par un jeune homme fort capable, M. Ros-
signol, instituteur à La Roche-Guyon.

³³ Il n'y avait que deux squelettes d'enfans de l'âge de
quinze ans environ ; tous ces os d'hommes et d'animaux ont
été examinés avec soin par M. le docteur Basserre, et
par un autre anatomiste également habile, M. le docteur
Alexandre Sanson de Chelles.

³⁴ Quelques-uns de ces débris sont entre les mains du
jeune Odet de Montault ; son intelligence, déjà vive et
nette, pourrait en faire quelque jour un antiquaire distingué, s'il voulait s'en donner la peine ; mais je lui conseille
d'ajouter d'une autre manière,

. . . . *Laudi factisque parentum.*

³⁵ On lit dans les *Mémoires d'une société d'antiquaires
Mexicains* (Worcester Massachussets, 1820) :

« On découvre souvent, dans les tombelles ouvertes
» près du lac Erié, d'anciennes armes indiennes. Les In-
» diens mettaient dans les tombes les objets chers à ceux

» qu'ils perdaient; le guerrier emportait sa hache d'ar-
» mes, le chasseur son arc et ses flèches, et l'espèce de
» gibier qu'il préférait. Aussi trouve-t-on souvent, dans
» ces antiques fosses, tantôt les dents d'une loutre, tan-
» tôt celles d'un ours, d'un castor, tantôt le squelette
» d'un canard sauvage, tantôt des coquilles et des arètes de
» poisson.

» On a trouvé dans une tombelle découverte près des
» bords du *Petit-Miami*, au milieu d'ossemens humains ren-
» fermés dans de grossiers cercueils de pierre, 1° des mor-
» ceaux de jaspe, de cristal de roche, de granit, cylin-
» driques aux extrémités, rebombés au milieu, terminés
» par un creux en forme d'anneau; 2° un morceau de char-
» bon rond, percé au centre, comme pour y introduire un
» manche, avec plusieurs trous régulièrement disposés sur
» quatre lignes; 3° un os, orné de plusieurs figures, pré-
» sumées des hiéroglyphes; 4° un morceau de mine de
» plomb; 5° du talc; 6° des fragmens de petits cylindres
» faits d'os ou d'écaille; 7° une dent qui paraît être celle
» d'un ours; 8° plusieurs coquilles taillées, pour servir aux
» usages ordinaires de la vie, etc. »

On lit aussi dans le *Journal des Savans*, octobre 1821 :

« On vient de découvrir, à Abbeville, une sépulture de
» Gaulois, des squelettes de stature ordinaire, enveloppés
» d'armes et entourés de vases de terre. On y a distingué
» un sabre en fer, brisé en trois pièces; un carquois en bois,
» relié en cuivre par bandes, tout-à-fait brisé; des bouts de
» flèches en fer, à trois faces triangulaires; des javelots en
» fer, une divinité gauloise, en pierre, ayant la forme d'une
» petite hache, en jade vert; une hache en fer, pareille à
» celle du n° 96 de la pl. xiii de l'ouvrage de Strutt,
» intitulé : *l'Angleterre ancienne*; des tiges de fer, dont la

« destination est inconnue ; divers objets en bronze, et, à
» côté du mort, des vases, les uns en coupe évasée, les
» autres en jatte ; les premières ont 8 pouces de hauteur,
» les trois autres, 3 environ. Aux ossemens du mort étaient
» mêlés des mâchoires d'animaux, un fragment de mâchoire
» de sanglier, deux de mouton, et des os de mouton. »

[36] Le mot *bez*, tombeau, est un mot bas-breton ; la langue
des Celtes se divisait en deux rameaux, le *Gaëlic* et le *Kymrœg*. Le *Gaëlic* survit encore aujourd'hui dans les dialectes
écossais et irlandais ; mais combien dégénéré de la langue
mâle des Celtes, qui retentissait jadis avec éclat sur la lyre
des Bardes et dans les chants d'Ossian. Le *Kymrœg* est encore parlé dans la principauté de Galles, sous le nom de
Gallois ou *Welsh*, et en France sous le nom de *Bas-Breton*.
Bien que je n'aie étudié qu'imparfaitement les débris de ces
deux antiques idiômes de la Gaule, j'en sais cependant
assez pour reconnaître, comme déjà je l'ai fait pour la
langue latine dans mes notes sur les *Lettres inédites de
Marc-Aurèle*, l'affinité du *Gaëlic* et du *Kymrœg* avec les
langues de l'orient ; cette parenté démontrerait une fois
de plus le fait d'une langue primitive et de la commune
origine des peuples : ce serait un hommage rendu aux
récits de la Genèse ; la science se rencontrerait ici avec
la foi.

[37] On en remarque plusieurs en France, en Espagne,
en Angleterre ; elles sont disposées de manière à se mouvoir
au moindre souffle du vent. La plus étonnante de ces pierres
mobiles ou branlantes, *rockings stones*, est celle du comté
de Sussex, à West-hoad-ley, nommée par le peuple *Great
upon little, grande sur petite ;* elle a sept mètres de hauteur,
et pèse, dit-on, plus de 500,000 kilogrammes. Ces monumens
des anciens peuples prouvent leur science et leur puissance

en mécanique. Les pierrès branlantes étaient des pierres consacrées; on consultait religieusement, comme des oracles, leurs oscillations diverses; les maris surtout les interrogeaient sur la fidélité de leurs femmes : ce qui fait encore appeler ces pierres, dans plusieurs provinces, *pierres des cocus.*

[38] Les antiquaires ont l'habitude de désigner, sous le nom de *monumens druidiques*, les *menhir* et les *dolmen* : cette dénomination est inexacte. Élevés et consacrés depuis un grand nombre de siècles peut-être, par les prêtres du polythéisme gaulois, les *menhir* et les *dolmen* étaient déjà *antiques* lorsque le druidisme s'établit dans la Gaule; il convient donc mieux de les appeler *monumens celtiques* ou *gaulois.* Après avoir donné plus haut l'étymologie des mots de *menhir* et de *dolmen*, il me reste à expliquer quel était l'usage de ces monumens.

Les *menhir*, emblêmes de la divinité durant l'enfance des peuples, désignaient souvent aussi la place des grands événemens, des batailles, des victoires, des traités; et il suffit, pour s'en convaincre, de se souvenir de la Bible , des récits de Xénophon et des poëmes d'Ossian. Ils marquèrent souvent aussi, quoiqu'on en ait dit, le lieu de sépulture des guerriers ou des grands rois; ainsi dans le poëme de *Cathula* d'Ossian :

Vois-tu cette pierre qui lève sa tête grisâtre au milieu du gazon; là gît un chef de la race de Dermid.

Olaus Magnus, en outre, cite plusieurs inscriptions funèbres, en caractères runiques, gravées sur des *menhir;* entre autres cette épitaphe remarquable :

Vainqueur des méchans, défenseur des affligés, plein de cicatrices et d'années, ceint du glaive , ci-gît Ingolf.

Les *dolmen* étaient, comme les *menhir*, les témoins des traités passés entre les nations ; c'était sur ces tables, sur ces autels de pierre, symboles de force et de stabilité, que les peuples élevaient les guerriers qu'ils proclamaient rois ; que les prêtres du polythéisme gaulois, long-temps avant l'établissement du druidisme dans la Gaule, immolaient à leurs dieux des victimes humaines ; et que plus tard les druides accomplirent aussi leurs sanglans sacrifices.

Les *dolmen* et les *menhir*, comme par exemple le dolmen de Trie et le menhir de Châteauneuf, servaient aussi quelquefois aux Druides de tribunes sacrées du haut desquelles ils s'adressaient au peuple assemblé. Le dolmen de Trie, près de Gisors, est fort connu ; le menhir de Châteauneuf ne l'est point et mériterait beaucoup de l'être : je l'ai le premier signalé comme un monument gaulois. C'est au hameau de Châteauneuf, commune de Pormort, sur la route de Vernon aux Andelys, que s'élève ce menhir ; il est en pierre calcaire, et a 3 mètres 40 centimètres de hauteur, 2 mètres 60 centimètres de largeur, 65 centimètres d'épaisseur : on l'appelle dans le pays le *gravas de Gargantua*. La partie supérieure, grossièrement taillée, a la forme d'une tribune ; c'est du haut de cette tribune sauvage que le prêtre gaulois, les mains appuyées sur le sommet de la pierre et le visage tourné vers le nord-est, haranguait la multitude qui remplissait la vallée et la côte de Catignolle.

[39] « Qui se passent de main en main, comme les coureurs des fêtes olympiques, le flambeau de la tradition. » Lucrèce, *de la Nature des choses*, liv. II, v. 78.

[40] Am.éd. Thierry, *Histoire des Gaulois*, part. II, ch. I. On trouve dans les inscriptions : DEANA ARDVINNA, DEAE BIBRACTI, GENIO ARVERNORVM. *Voy.* Gruter, etc.

⁴¹ On peut consulter, à cet égard, M. le baron de Vincent, maire de Mézières, qui a reçu la déclaration de Louis-
Nicolas Guitel, lequel a cru voir le *génie* de la *pierre Talon*,
le 5 janvier 1830, à sept heures du soir.

⁴² Ce fait nous a été raconté, à MM. Prudhomme, de
Bois-Préaux, et à moi, au dolmen de Trie, près de Gisors,
en décembre 1834. Selon la tradition, ce sont les fées qui
ont apporté, dans leurs tabliers, les pierres de ce *dolmen*.

⁴³ Le feu de Saint-Jean est encore en usage dans la plupart de nos départemens; il l'est surtout, comme on sait,
en Irlande et en Écosse.

⁴⁴ *Belenus* était l'Apollon des Gaulois; Ausone parle de ses
sanctuaires près de Bayeux et en Armorique.

⁴⁵ Voir Pomponius Mela, III, 6.

⁴⁶ C'est un passage du chapitre 23 du livre xv de la
Cité de Dieu, qui nous apprend quels étaient ces mauvais
génies : voici ce passage de Saint-Augustin, assez mal traduit et même assez mal entendu par la plupart de ceux
qui l'ont cité :

*Quoniam creberrima fama est, multique se expertos, vel ab eis,
qui experti essent, de quorum fide dubitandum non est, audisse con-
firmant, Silvanos, et Faunos, quos vulgo incubos vocant, improbos
sæpe exstitisse mulieribus, et earum appetisse ac peregisse concubitum;
et quosdam dæmones, quos Dusios Galli nuncupant, hanc assidue
immunditiam et tentare et efficere, plures talesque asseverant, ut hoc
negare impudentiæ videatur, etc.*

Comme c'est une opinion très-répandue, et comme plusieurs assurent
en avoir fait l'expérience ou l'avoir appris de ceux qui en avaient fait

l'expérience et dont la foi n'est pas douteuse, que les Sylvains et les Faunes, qu'on appelle vulgairement incubes, se sont souvent plu à tourmenter les femmes, et ont désiré et accompli l'union charnelle avec elles; comme certains démons, que les Gaulois nomment *Duses*, tentent et commettent à plaisir cette impureté, d'après le témoignage de plusieurs autorités telles, que le nier pourrait sembler une impudence, etc.

On appelle encore *Teus*, en Bretagne, les spectres, fantômes, follets, lutins.

⁴⁷ Cette tradition s'est conservée dans plusieurs de nos communes, notamment à Montalet, à Jambville, à Sailly. M. Jeanne, maire de Brueil, qui la tient de sa mère, la raconté avec beaucoup d'intérêt.

⁴⁸ C'est une tradition répandue dans toute la vallée de l'Epte. Cette rivière (*Epta*), que les plus vieilles chroniques appellent aussi *Itta*, *Etta*, prend sa source dans le département de la Seine-Inférieure ; elle arrose, dans l'arrondissement de Mantes, les territoires de Saint-Clair, Montreuil, Bray-Lû, Amenucourt, Gommecourt et Limetz. (*Statistique de Mantes*, pag. 20.) L'Epte reçoit à Gisors le ruisseau du *Reveillon*. Je lis dans une histoire manuscrite de Gisors : « C'est une antique croyance populaire que, lors-
» qu'on a bu de l'eau du *Reveillon*, il faut, quelque part
» qu'on aille, revenir mourir à Gisors. On a vu, sous
» l'empire, lorsque la conscription enlevait la jeunesse
» française tout entière, de pauvres jeunes gens s'agenouiller,
» avant leur départ, sur les bords du *Reveillon*, et puiser,
» d'une main tremblante, l'eau propice qui devait leur faire
» revoir leur pays natal. »

⁴⁹ « Race de pierre, immuable comme leurs rudes monu-
» mens druidiques qu'ils révèrent encore. » M. Michelet,

dans son admirable tableau des peuples Celtes, *Histoire de France*, tom. 1, pag. 145.

⁵⁰ On raconte à Épône, à Neauphlette, à Pormort, et presque dans tous les lieux où se trouvent des *menhir*, que ces énormes pierres sont de petits cailloux que Gargantua avait dans son soulier et dont il se débarrassa, parce que ces cailloux le gênaient. M. E. Johanneau l'a dit avant moi : Gargantua, que beaucoup de personnes croient une invention de Rabelais, doit être regardé, d'après les traditions du duché de Retz, et surtout d'après un grand nombre de monumens celtiques, comme l'Hercule pantophage des Gaulois.

⁵¹ « Les Gaëls remarquent soigneusement que ceux qui » portent la main sur les pierres druidiques n'ont jamais » prospéré. » M. Michelet, *Histoire de France*, tom. 1, pag. 145.

⁵² ..... « Que ne pourraient point les académies de pro- » vince, ces corps qui vivent toujours et qui n'ont rien à » faire ? Ne serait-il point temps qu'elles renonçassent à l'oi- » sive mission de couronner de mauvais vers et de médiocres » fleurs de rhétorique sur des lieux-communs stériles, pour » se livrer exclusivement à l'histoire des localités, la seule » chose à laquelle elles soient propres, et dans laquelle » elles ne puissent être remplacées ?.... Qui ne sait combien » les académies de province, qui renferment des hommes » savans appartenant aux différentes localités, seraient émi- » nemment propres à cette recherche, et quelle activité » elle répandrait à son tour dans le sein de ces compagnies » aujourd'hui si oisives ? On sent quel intérêt s'attacherait » aux rapports annuels de leurs travaux ; à quels résultats » positifs ils conduiraient, et de quelle immense quantité

» de faits ils auraient, au bout d'un siècle, enrichi l'histoire
» nationale. Pourquoi, à cette première commission, n'en
» ajouterait-on pas une autre, chargée de recueillir ce qui
» reste, dans la mémoire des hommes, des traditions.... Eh
» bien, quelque chose de cette poétique légende vit encore
» dans les chaumières du village voisin. Durant les veillées
» de l'hiver, des fragmens de cette histoire se réveillent
» encore, au bruit monotone des rouets, dans la mémoire
» de la vieille femme qui file et du vieillard qui va mou-
» rir. Mais qu'on y prenne garde, ces derniers dépositaires
» de la tradition disent que leurs pères en savaient plus
» qu'eux ; leurs fils en diront autant ; des détails qui vivent
» encore leur auront échappé ; encore une ou deux généra-
» tions, et tous ces précieux souvenirs auront disparu sans
» retour. Il serait donc temps de recueillir ce qui reste de
» ces vestiges du passé, qui vont s'effaçant rapidement sous
» le souffle d'une civilisation nouvelle. »

(Théod. Jouffroy, *Globe*, tom. vii, n° 40.)

⁵³ D'autres voies romaines traversaient encore ce pays :
de l'est à l'ouest, du nord au sud, de Lutèce à Evreux
(*Mediolanum*) par la Garenne, Mantes, Rosny, La Ville-
neuve-en-Chevrie ; de Beauvais (*Cæsaromagus*) à Char-
tres par Mantes ; de Beauvais à Évreux par Chaussy et Jeu-
fosse, etc. Je crois avoir retrouvé des vestiges de toutes
ces voies romaines. Celle de Lutèce à Rouen, qu'on appelle
encore la *Chaussée de Jules César*, après avoir traversé Ar-
thieul et la ferme d'Estrées, vient rejoindre aujourd'hui,
à Saint-Gervais, la route royale, n° 14. *Petromantalum* était
près de là, comme je le prouve, du moins c'est ma con-
viction, dans un mémoire que je vais publier sur cette ancienne station et sur nos voies romaines.

⁵⁴ Cette découverte en rappelle une fort curieuse faite
à la fin de 1834, à Kertch, ancienne capitale du Bosphore :

« On faisait une fouille à Kertch, pour la construction
» d'une chaussée de la ville ; beaucoup de terre ayant été
» enlevée d'un *Tumulus*, on aperçut tout-à-coup quelques
» pierres. M. Kareïcha, chargé de recherches archéologi-
» ques pour le cabinet de l'empereur, mit aussitôt à l'œu-
» vre des ouvriers qui, le lendemain, découvrirent un tom-
» beau d'une construction assez commune, en énormes
» pierres de taille d'environ deux archines de long, sur
» une de large et une d'épaisseur. Le couvercle ayant été
» enlevé, on en vit l'intérieur long d'environ une sagène,
» et haut d'une archine et demie. M. Kareïcha y trouva une
» superbe urne noire, dans le genre étrusque, de grande
» dimension, ornée de rebords en relief et dorée dans
» quelques parties. Elle était placée aux pieds du défunt,
» sur la tête duquel brillait une couronne d'or en feuilles
» de laurier, artistement exécutée et pesant treize onces
» environ d'or très-pur. Auprès d'une des épaules était
» une pièce ronde en or, assez semblable à une médaille,
» représentant la figure en relief d'une femme, et de l'autre
» celle de Mercure en habit de berger. Outre ces objets,
» le tombeau renfermait un strigile en fer, et un autre objet
» du même métal, entouré d'anneaux de cuivre. Sur le cou-
» vercle de ce cercueil se trouvait une urne ordinaire en
» terre cuite, pleine d'ossemens d'oiseaux sacrifiés sans
» doute aux mânes du mort. »

(Journal d'Odessa.)

Ce *Tumulus* de l'antique *Panticapeum* me paraît antérieur
à l'ère chrétienne. La couronne d'or en feuilles de laurier,
et la médaille de Mercure me font supposer que ce tombeau

était celui de quelque vainqueur des jeux publics, de quelque athlète, de quelque lutteur peut-être : on sait en effet que Mercure était l'inventeur de la lutte ; mais comme il passait aussi pour l'inventeur de l'harmonie ; et que la couronne d'or en feuilles de laurier peut aussi bien annoncer un poète qu'un vainqueur des jeux publics, il se rencontrera peut-être un jour quelque antiquaire assez ingénieux pour découvrir que le tombeau de Kertch est le tombeau d'Ovide, qui mourut en effet sur ce rivage.

[55] Cette médaille n'est pas fidèlement reproduite au n° 24 ; l'artiste a rendu la légende beaucoup plus lisible qu'elle ne l'est : sur la médaille, les quatre premières lettres du mot *felicitas* se devinent plutôt qu'elles ne se voient.

[56] On les appelle quelquefois aussi *hastæ donativæ*.

[57] Ces *armillæ*, donnés comme récompense militaire, étaient en argent ; les hommes et les femmes en portaient. Quand l'empereur faisait ce présent, il disait : *Imperator has tibi dat armillas argenteas ;* « l'empereur te donne ces bra-
» celets d'argent. »

[58] C'est Festus qui nous a conservé, au mot *optionatus*, cette phrase du vieux Caton.

Bonaparte, qui savait l'antiquité mieux que beaucoup d'historiens et d'antiquaires, citait, un jour, en se promenant dans les jardins de la Malmaison, ce passage d'un discours de Marius :

Non possum, fidei caussâ, imagines neque triumphos aut consulatus majorum meorum ostentare, at, si res postulet, hastas, vexillum, phaleras, alia militaria dona.....

SALL., Jug., ch. LXXXV.

Je ne puis, pour garantie de ma foi, étaler à vos yeux les images, les

triomphes ou les consulats de mes aïeux; mais, s'il en est besoin, des
. lances, un enseigne, des colliers et tant d'autres présens militaires.

Un autre jour, le 14 floréal an X, ce souvenir des récompenses nationales accordées aux soldats et aux généraux
du peuple romain, le fit orateur comme Marius dans Sal-
luste :

« On nous parle toujours des Romains ; il est assez singulier
» que, pour repousser les distinctions, on cite l'exemple du
» peuple chez lequel elles étaient le plus marquées. Est-ce là
» connaître l'histoire? Les Romains avaient des patriciens,
» des chevaliers, des citoyens et des esclaves....... Ils décer-
» naient en récompense toutes sortes de distinctions, des
» noms qui rappelaient des services, les couronnes murales,
» le triomphe ; ils employaient jusqu'à la superstition. Otez
» la religion de Rome, il n'y reste plus rien. Quand ce beau
» corps de patriciens n'exista plus, Rome fut déchirée ; on
» vit les fureurs de Marius, les proscriptions de Sylla, et
» ensuite les empereurs. Ainsi l'on cite toujours Brutus
» comme l'ennemi des tyrans. Eh bien, Brutus n'était qu'un
» aristocrate ; il ne tua César que parce que César voulait
» diminuer l'autorité du sénat pour accroître celle du
» peuple. Voilà comme l'ignorance ou l'esprit de parti cite
» l'histoire. Je défie qu'on me montre une république an-
» cienne ou moderne dans laquelle il n'y a pas eu de distinc-
» tions. On appelle cela des *hochets* ; eh bien, c'est avec des
» hochets que l'on mène les hommes. Je ne dirais pas cela à
» une tribune ; mais, dans un conseil de sages et d'hommes
» d'état, on doit tout dire. Les Français ne sont point changés
» par dix ans de révolution; ils sont ce qu'étaient les Gaulois,
» fiers et légers; ils n'ont qu'un sentiment, *l'honneur*. Il faut
» donc donner un aliment à ce sentiment là, il leur faut des
» distinctions. Voltaire a appelé les soldats *des Alexandre à*

» cinq sous par jour; il avait raison : ce n'est pas autre chose.
» Croyez-vous que vous feriez battre des hommes par l'ana-
» lyse? jamais; elle n'est bonne que pour le savant dans son
» cabinet. Il faut au soldat de la gloire, des distinctions,
» des récompenses. Les armées de la république ont fait de
» grandes choses ! »

(THIBAUDEAU, *Mémoires sur le Consulat.*)

⁵⁹ Servius, au vers 760 du vi⁰ livre de l'Énéide :

Ille, vides, purâ juvenis qui nititur hastâ.

⁶⁰ Dans notre organisation militaire, la compagnie répond
à la centurie; le capitaine, au centurion; le bataillon,
à la cohorte; le chef de bataillon, au tribun, depuis Adrien;
la brigade, composée de plusieurs armes, rappelle la légion
romaine.

⁶¹ ARISTOT., *Polit.* VII, 2, 6. Chez la plupart des peuples
de l'Asie, on déposait les armes des guerriers sur ou dans
leur tombe.

⁶² Valens, comme on sait, rétablit Sauromace sur le trône
d'Ibérie, en 372.

⁶³ « Devant moi l'humble salière, la burette avec la
» patère, vaisselle de Campanie. » HORACE, *sat.* VI, liv. I,
v. 116.

⁶⁴ Le Sphinx ailé était un des attributs de Bacchus; il était
aussi l'emblême de l'île de Chio.

⁶⁵ Le *peplum* était un manteau de femme :

Crinibus Iliades passis peplumque ferebant.

VIRG., *Eneid.*, liv. I, v. 480.

. Il descendait jusqu'à la ceinture et s'attachait sur les épaules
avec des agrafes ; il laissait les bras découverts. Cet habille-
ment était celui des filles de Sparte, qui ne se voilaient que
de leur pudeur. Un étranger, voyant passer une jeune Spar-
tiate, s'écria : Quel joli bras ! — Il n'est pas public, répondit
elle.

⁶⁶ On lit dans Plutarque, *de la Fortune des Romains*,
chap. VI :

« Ainsi, comme les Spartiates disent que Venus, depuis
» qu'elle eut passé la riviere d'Eurotas, quitta les miroirs et
» toutes feminines delicatesses, voire son tissu mesme, et
» qu'elle prit la lance et l'escu, se parant pour se montrer à
» Lycurgus : aussi la fortune aiant abandonné les Perses et
» les Assyriens, vola legerement par dessus la Macedoine, et
» vous secoua habilement Alexandre, puis se proumena un
» peu par l'Ægypte, et par la Syrie, trainant après soy les
» Royautez, et ruïnant les Carthaginois, que souvent elle
» avoit soustenus : finablement elle s'approcha du Mont-
» Palatin, et passant la riviere du Tybre, posa là ses ailes,
» quitta ses patins volans, et delaissa sa boule mal-asseurée,
» qui tourne tantost çà tantost là, et ainsi entra dedans
» Rome, comme pour y faire sa demeure. »

(*Trad.* d'Amyot.)

⁶⁷ *Aperçu historique sur la ville de Mantes*, pag. 211, 212,
215 et 364. Quand les détails que je donne ici diffèrent des
renseignemens que présente la *Statistique*, il faut toujours
s'en rapporter au présent ouvrage, qui est, pour ainsi dire,
la seconde édition, revue et augmentée, de la partie mo-
numentale de cette Statistique.

⁶⁸ J'ignore, je l'avoue, le sens de cet exergue.

⁶⁹ Le *sacellum* était une chapelle placée au milieu des bois cu près des routes ; le *sacellum* renfermait, outre un autel des sacrifices, l'image du dieu auquel il était consacré. C'était aussi sur les bords des routes qu'on enterrait les morts ; de là ces expressions qu'on trouve si souvent sur les pierres funéraires : *siste viator iter.*

7⁰ La fête des morts se célébrait, selon Ovide (*Fast.* II), aux XIII⁰ˢ kalend. de mars, 17 février ; aux IX⁰ˢ, 21 février, selon Festus.

7¹ On lit dans Cicéron, au second livre *des Lois*, ch. 22 : *Neque necesse est edisseri a nobis,....... quemadmodum os rejectum terræ obtegatur,...., Et un peu plus bas : Priusquam in os injecta gleba est, locus ille, ubi crematum est corpus, nihil habet religionis.* « Il n'est pas nécessaire de développer » ici.....,... comment on recouvre l'os rendu à la terre.....,.. » — « Avant que la terre n'ait été jetée sur l'os, le lieu où le » corps a été brûlé n'est aucunement religieux. »

Ces deux passages ont embarrassé la plupart des commentateurs et des traducteurs du traité *des Lois ;* le sens du mot latin *os*, dans les deux phrases citées, leur a paru difficile à saisir ; *os* signifie-t-il ici l'ossement ou le visage ? Le dernier et savant traducteur *des Lois*, M. Ch. de Rémusat, préférant la première explication, traduit : *l'os réservé ;* et ajoute avec beaucoup de raison : « Si *os* signifiait la tête, » comme on le prétend, il faudrait qu'il eût été d'usage, » lorsqu'on brûlait un corps, d'en séparer la tête et de l'en-» terrer à part ; or, il n'y a point trace d'un usage semblable : » au lieu que dans l'hypothèse de l'autre coutume, dont » Festus et Varron rendent témoignage, on conçoit fort bien » qu'après avoir consumé le corps, on enterrât, et souvent » au même lieu, l'os réservé, et que cette cérémonie opérait

» seule la consécration du lieu. » Cette note explique parfaitement les deux passages de Cicéron. Le seul reproche qu'on puisse faire au traducteur, c'est qu'il n'a pas l'air d'être assez sûr de la justesse de son observation ; il dit en effet dans une autre note relative à la phrase *os rejectum terræ :* « Si le » mot *os* veut dire ici *visage*, il faudrait traduire ainsi : *Com-* » *ment on recouvre de terre la tête déposée sur le sol ;* et peut- » être le texte grammatical se prête-t-il mieux à cette ver- » sion. » Selon moi, cette version serait un non-sens. Dans les deux passages de Cicéron, le mot *os* signifie évidemment un ossement ; *os rejectum terræ*, c'est *l'os réservé* qu'on déposait dans une urne plus ou moins grande, plus ou moins riche, selon la condition du mort, et qu'on enterrait avec pompe. La découverte faite à Rosny de deux vases funéraires renfermant chacun un os et des parfums, et reposant religieusement au milieu des débris du bûcher, ne me laisse aucun doute sur le sens à donner aux deux passages de Cicéron.

⁷¹ *Antoninus Augustus Pius Felix tribunitiá potestate XVI, Aurelius Cæsar Augusti Pii filius, R. tribunitiá potestate VI, Consul. II.* Marc-Aurèle n'était alors que César ; cette médaille doit être de l'année 168. *Diva Faustina Augusta,* c'est *Annia Galeria Faustina,* surnommée *Faustina Major,* femme d'Antonin-le-Pieux, pour la distinguer de *Faustina Minor,* sa fille, femme de Marc-Aurèle. Dans les lettres inédites de Marc-Aurèle, on lit un assez long fragment d'une lettre d'Antonin-le-Pieux à Fronton, où se trouve ce curieux passage :

Illa pars orationis tuæ circa Faustinæ meæ honorem gratissime a te adsumta, verior mihi quam disertior visa est. Nam ita se res habet. Mallem, mehercule, Gyaris cum illa quam sine illa in Palatio vivere.

Dans cette partie de ton discours, consacrée par ta reconnaissance à la mémoire de ma Faustina, j'ai vu encore plus de vérité que d'éloquence ; car il en est ainsi : oui, j'aimerais mieux, par les dieux, vivre avec elle à Gyare, que sans elle dans le palais des empereurs.

J'ai été plus heureux que je n'ose le dire, en rencontrant, dans mes fouilles, quelques médailles d'Antonin et de Marc-Aurèle, dont les précieuses lettres, retrouvées sur les palimpsestes de Milan et de Rome, ont occupé pendant six années les loisirs de ma jeunesse. — *Lucilla*, fille aînée de Marc-Aurèle, et femme de L. Verus, n'était digne ni de son père, ni même de son mari.

[73] J'extrais cette page tout entière de la lettre, pleine d'intérêt, que m'a adressée M. Achille Molinos, sur les découvertes faites à Rosny. Madame la duchesse de Berry a laissé, au médailler du château de Rosny, la plupart de ces médailles qu'elle avait recueillies avec soin.

[74] Il y avait peut-être, en abrégé, après les mots HADRIANVS AVGVSTVS, ou *Pater Patriæ*, ou *optimus*, ou *Parthicus;* la divinité debout est sans doute Minerve.

[75] On a regardé ces haches tantôt comme des armes, tantôt comme des coins qui servaient aux soldats pour dresser leurs tentes, tantôt comme des instrumens de menuiserie ou d'agriculture ; j'espère donner quelques éclaircissemens à cet égard, dans le second mémoire que je publierai bientôt sur *Petromantalum.*

[76] On y a découvert des armes et des monnaies du règne d'Édouard III ; toutefois, comme on y a également trouvé des médailles d'Antonin-le-Pieux, il pourrait se faire que, primitivement, le camp de Port-Villez eût été un camp d'observation des Romains, correspondant avec le camp de Vernonnet.

77 Le Mont-Terrier dépend de la commune de Montreuil. M. Lerat de Magnitot, juge de paix à Paris, pense que ce nom pourrait bien être une corruption de *Mont Terrible*, *mons terribilis*. J'ai, d'après lui, répété cette étymologie dans l'*Histoire de Mantes*; mais je crains que le Mont-Terrier n'ait pas une aussi noble origine.

78 M. de Magnitot conserve ces médailles et plusieurs autres antiquités gallo-romaines trouvées près de son château de Magnitot.

79 On voit au revers de la médaille de *Gallienus Augustus*, le minotaure lançant une flèche, avec la légende : *Apollini cons. Aug.*; c'est-à-dire : *Apollini conservatori Augusti;* le Z qu'on remarque au bas est quelque date ou quelque signe monétaire. — La médaille, n° 19, est de l'*Imperator Caius Marcus Aurelius Probus Augustus;* au revers, Mars tenant un trophée et une lance, avec cette légende : *Mars Victor.*

80 Un officier, fort distingué, du corps royal d'état-major, M. le capitaine Schneider, chargé, par le ministre de la guerre, de la levée de la carte topographique des environs de Magny, a bien voulu, à ma demande, visiter le camp du Mont-Terrier : il pense aussi que c'était un camp romain d'observation, communiquant avec celui de Vernonnet.

81 *Nero Cæsar Aug. Pontifex Maximus. R. pace ubique partâ Janum clusit: Senatus-Consulto;* les empereurs faisaient frapper, en leur nom, la monnaie d'or et d'argent, et laissaient au Sénat le privilége de frapper la monnaie de bronze.

82 *Imperator Gordianus Pius Felix Augustus. R. Fortuna redux :* ce qui peut vouloir dire, ou qu'elle revient ou

qu'elle ramène l'empereur ; le timon exprime sa puissance, la roue sa rapidité.

[33] *Imperator Claudius* Germanicus Gothicus (?). R. *genio Augusti* ou Populi Romani (?). — *Imperator Marcus Cassianus Latinius Postumus Pius Felix Augustus*, etc.

[34] *Ob cives* servatos ; c'est un bouclier votif (*clypeus votivus*). — *Flavius Julius Constantius perpetuus Augustus.* — R. *gloria Reipublicæ vota XXX multa XXXX Konstantinopoli.* Le passage suivant d'un ancien nous explique ces vœux et ces chiffres :

Auguste Claudi, dii te nobis præstent (dictum sexagies) ; Claudi Auguste, principem aut qualis tu es semper optavimus (dictum quadragies) ; Claudi Auguste, te Respublica requirebat (dictum quadragies) ; Claudi Auguste, tu frater, tu pater, tu amicus, tu bonus senator, tu vere princeps (dictum octogies) ; Claudi Auguste, tu nos ab Aureolo vindica (dictum quinquies) ; Claudi Auguste, tu nos a Zenobia et a Victoria libera (dictum septies), etc.

(Hist. Aug. in vit. div. Claud.)

Auguste Claude, les Dieux te gardent pour nous ! (ils répétèrent cela soixante fois) ; Claude Auguste, c'est toi ou ton pareil que nous avions toujours souhaité (quarante fois) ; Claude Auguste, la République te réclamait (quarante fois) ; Claude Auguste, tu es un frère, tu es un père, tu es un ami, tu es un bon sénateur, tu es vraiment prince (quatre-vingts fois) ; Claude Auguste, venge-nous d'Aureolus (cinq fois) ; Claude Auguste, délivre-nous de Zénobie et de Victoria (sept fois).

Je ne sache rien de plus honteux dans l'histoire que le spectacle de ces héritiers des Scipions, récitant à genoux, devant Claude, les Litanies de la peur.

[35] La Bibliothèque Royale a bien plusieurs médailles d'or du règne de Constance, mais elle n'a pas celle-ci.

6

86 Statistique de Mantes, pag. 321, 323, 343, 348, 350, 351, 365, etc.

87 Les journaux des départemens ont souvent répandu ce préjugé.

88 *Redditur enim terræ corpus, et ita locatum ac situm quasi operimento matris obducitur........ Athenis jam ille mos a Cecrope permansit, et hoc jus terra humandi : quam quum proximi injecerant, obductaque terra erat, frugibus obserebatur, ut sinus et gremium quasi matris mortuo tribueretur; solum autem frugibus expiatum ut vivis redderetur.* CIC., *de Leg.*, l. II, c. XXII et XXV.

Je me suis servi de la fidèle traduction de M. Ch. de Rémusat, publiée par M. Jos.-Vict. Leclerc, dans sa belle édition des *OEuvres complètes de Cicéron*. Paris, 1821.

89 *Idque eum voluisse, veritum talionem, eruto C. Marii cadavere.* C. PLIN., *Hist. Nat.*, lib. VII, cap. 55.

90 *Postquam longinquis bellis obrutos erui cognovere......* Id. ibid.

91 Voir l'opinion de M. Isselin de Bâle, citée par Montfaucon.

92 *De Bello Gallico*, lib. VI.

93 *Cum mortuis cremant ac defodiunt apta viventibus olim.* POMP. MEL., lib. III, c. 2. « Ils brûlent et enfouissent avec les » morts tout ce qui leur servait durant leur vie. »

94 On lit, dans le tome VI* des *Mémoires de l'Académie celtique*, une dissertation sur les sépultures gauloises, par M. Girault, jurisconsulte à Auxonne. Cet antiquaire, assez instruit d'ailleurs, ne me paraît pas avoir bien entendu les

phrases de Diodore de Sicile, et de Pomponius Mela, qu'il cite, et il s'est en outre singulièrement mépris sur le sens d'un passage de Lucien : « Lorsque Lucien (*in Syriâ Deâ*, fol. 25, » n° 10) raconte, dit-il, que les Gaulois emportaient les » corps morts, aux faubourgs des villes, dans des bières, » et, après les avoir recouverts de pierres, s'en retournaient » à reculons (1) dans leurs maisons, n'est-ce pas assez dire » que ces peuples enterraient les cadavres des morts, et que » l'usage du bûcher n'était chez eux ni général ni exclusif? »

M'étant reporté au texte grec, pour vérifier cette citation, je n'ai pas été peu surpris de voir que Lucien, dans *la Déesse syrienne*, ne disait pas un mot des Gaulois, qu'il y parlait seulement des *Galles*, prêtres eunuques de *Cybèle*; voici cet endroit traduit littéralement :

Les Galles, après leur mort, n'ont pas la même sépulture que les autres hommes. Si un Galle meurt, ses compagnons l'enlèvent et le portent en dehors de la ville. L'ayant déposé là, avec le cercueil dans lequel ils l'ont apporté, ils le couvrent de pierres. Cela fait, ils se retirent, observant pendant sept jours de ne pas pénétrer dans l'enceinte sacrée ; s'ils y entraient avant ce temps, ils feraient une chose impie.

Sur la foi de M. Girault, plusieurs antiquaires ont déjà cité ce passage comme *un renseignement précieux pour la connaissance des antiquités gauloises*; l'erreur grossière dans laquelle les a fait tomber la traduction de M. Girault pourra les engager à vérifier, avec plus de soin, les citations faites par leurs confrères.

(1) C'est un ridicule que M. Girault prête gratuitement aux prêtres Galles ; le traité de la *Déesse syrienne* est écrit en ionien, et le mot ὀπίσω est un adverbe purement pléonastique ; Homère et Hérodote s'en servent souvent de la sorte.

[95] Cochèrel, près d'Évreux (Eure) ; voir Montfaucon.

[96] Alex. ab Alex., cap. 2, 3.

[97] Saturnal., lib. vii, c. 7.

[98] Genès., ch. xxiii et l.

[99] *Confessi estis labem pudicitiæ apud nos atrociorem omni pœnâ et omni morte reputari. Nec quicquam tamen proficit exquisitior quæque crudelitas vestra : illecebra est magis sectæ. Plures efficimur, quoties metimur a vobis ; semen est sanguis christianorum.*

(Apologet. c. L.)

Vous avez confessé qu'une souillure à notre pudeur nous était plus horrible que tous les supplices et toutes les morts. Votre cruauté la plus recherchée n'avance à rien ; c'est un attrait de plus pour notre secte. Nous nous multiplions à mesure que vous nous moissonnez : les chrétiens naissent du sang des martyrs.

[100] A l'époque où ces peuples brûlaient les corps, ils mettaient sur le bûcher les armes du mort : *sua cuique arma*, dit Tacite (*Germ.* xxvii).

[101] Alaric Ier, roi des Goths, étant mort à Cozenza, dans l'Abruzze, les Goths détournèrent le cours de la rivière de Busenze, et creusèrent une fosse au milieu de son lit ; après y avoir mis le corps de leur roi, avec des monceaux d'or, ils firent repasser la rivière par son lit ordinaire ; et, de plus, pour rendre impossible la recherche et la violation de la sépulture d'Alaric, ils enterrèrent avec lui les captifs qui avaient assisté à ses funérailles.

[102] Les tombeaux des Spartiates ne portaient également aucune inscription ; mais, pour une plus noble cause, les

guerriers qui mouraient sur le champ de bataille, et les femmes qui succombaient dans les douleurs de l'enfantement, avaient seuls droit à l'inscription funéraire. (PLUT.)

[103] « On trouva, en 1731, dans le cimetière de Montartre, » près de l'église de Saint-Amartre, un bloc de pierre sur » lequel étoient gravées, en lettres romaines, ces deux » lignes :

PRO SALVTE DOMINORVM

DEDICAVIT MODESTO ET PROBO COS.

» C'étoit un reste de criobole...... Le commencement avoit » été détruit par les chrétiens des premiers temps, qui » avoient fait creuser ce bloc pour placer dedans le corps » d'un chrétien. » LEBEUF, *Hist. d'Auxerre*, tom. II, pag. 7. 1743.

[104] On découvrit, en 1653, à Tournay, le tombeau de Childéric Ier ; il était taillé dans le roc. On y trouva cent médailles d'or et deux cents médailles d'argent, des premiers empereurs romains ; une épée d'acier avec un pommeau d'or, une hache ou francisque, un javelot, un *graphium* avec son stilet, des tablettes (?) : le tout garni d'or ; des agrafes d'or, des filamens d'or, restes d'habits ; la figure en or d'une tête de bœuf, avec trois cents abeilles d'or environ ; un globe en cristal, un anneau d'or représentant un prince jeune, sans barbe, aux cheveux flottant sur les épaules ; un javelot à la main, avec cette inscription : *CHILDERICI REGIS.* On trouva en outre, à côté du squelette du roi, qui était de fort grande taille, le crâne d'un jeune homme ; et, près de là, les fers d'un cheval avec des restes de housses, des boucles et des attaches d'or : on ne douta pas que ce ne fût le crâne du jeune homme qui avait soin du cheval de Childéric. L'ouvrier qui découvrit ce tombeau était sourd et

muet de naissance ; mais, à la vue de l'or, il poussa de si grands cris, qu'on pensa qu'il avait retrouvé la parole.

En 1646, en travaillant à l'église de l'abbaye de Saint-Germain-des Prés, on découvrit deux cercueils en pierre, et, dans ces cercueils, les corps du roi Childéric II et de la reine Bilichide, encore revêtus de leurs habits royaux, avec un petit cercueil de pierre, dans lequel avait été sans doute inhumé le jeune prince Dagobert, leur fils. Le cercueil de la reine ne contenait que ses ossemens et ses vêtemens qui se réduisirent en poudre aussitôt que le cercueil fut ouvert. Celui du roi renfermait son diadème tissu d'or, son épée, sa ceinture, une boucle en or fin, pesant huit onces environ, un bâton vermoulu, jadis son sceptre royal, un vase de verre rempli de parfums, plusieurs pièces d'argent carrées, avec la figure du serpent amphisbène, symbole de ce prince. On lisait au fond du cercueil ces deux mots : *CHILDR. REX.*

Trois années auparavant on avait découvert, dans le cloître de la même abbaye, deux tombeaux en pierre ; un de ces tombeaux portait au dehors cette inscription en grandes lettres romaines :

TEMPORE NVLLO VOLO HINC

TOLLANTVR OSSA HILPERICI.

Je veux qu'en aucun temps on n'ôte d'ici les os de Hilperick.

Et, au dedans, cette autre en vermillon :

PRECOR EGO ILPERICVS NON

AVFERANTVR HINC OSSA MEA.

Je prie, moi, Hilpérick, qu'on n'enlève point d'ici mes os.

On trouva dans ce tombeau une petite croix avec un

crucifix et une petite lampe de cuivre. Adrien de Valois s'imagina que c'était le tombeau du roi Chilpéric Ier; dom Mabillon pensa, avec raison, que c'était celui d'un autre Chilpéric, prince de la famille royale.

Le corps de Saint-Louis fut déposé dans un cercueil de pierre; ce n'est en général qu'à partir du XIVe siècle qu'on fit usage des cercueils de marbre, de bronze et de plomb: je n'ai pas besoin de dire qu'on se servit quelquefois encore, plusieurs siècles après, des cercueils en pierre.

[105] Quand un de ces chevaliers rencontrait un mécréant qui médisait de la loi chrétienne, il tirait son poignard *miséricorde et lui en donnoit*, selon Joinville, *parmi le ventre dedans tant comme il pouvoit entrer*. Je dois cette remarque, et plusieurs autres, à mon ami, M. E. Boullay, ancien sous-préfet de Compiègne, auteur d'un éloquent éloge de Blanche de Castille.

[106] Beauregard est un hameau d'Amenucourt.

[107] Il restait aussi deux dents. *Statistiq.*, pag. 343.

[108] JUVEN., *sat.* X, v. 145.

[109] Cette inscription était gravée sur le cercueil trouvé à Rosay.

— J'apprends que, dans plusieurs communes du département de Seine-et-Oise, à Épône, par exemple, des tombeaux gaulois, gallo-romains ou saxons, s'appellent des *tombes anglaises*, des *trous aux Anglais*; ceci est une nouvelle justification de cette conjecture de M. de Caumont, dans son *Cours d'Antiquités monumentales*: « Il faut, dit-il, que les désastres

» qui ont affligé l'Occident áu IVe siècle, et dont les récits
» des historiens ne nous offrent qu'une image incomplète,
» se soient gravés bien profondément dans la mémoire des
» peuples, pour que nous trouvions encore presque partout
» cette tradition qui parle *de grandes destructions con-*
» *sommées par les Anglais.* Il est évident que ce mot *An-*
» *glais,* dans la bouche des habitans de nos campagnes,
» doit être pris dans l'acception générale d'ennemi, car ils
» n'ont aucune idée de l'époque à laquelle les destructions
» dont ils parlent peuvent avoir eu lieu; et s'ils les at-
» tribuent aux Anglais, c'est qu'ils ont souvent entendu
» parler de ce peuple et de ses guerres en Normandie. »

On rencontre, à chaque page, dans l'ouvrage de M. de Caumont, des observations de cette justesse et de cette portée; et je suis heureux de trouver ici une occasion de rendre hommage au savant distingué qui explique si ingénieusement les antiquités nationales.

FIN.

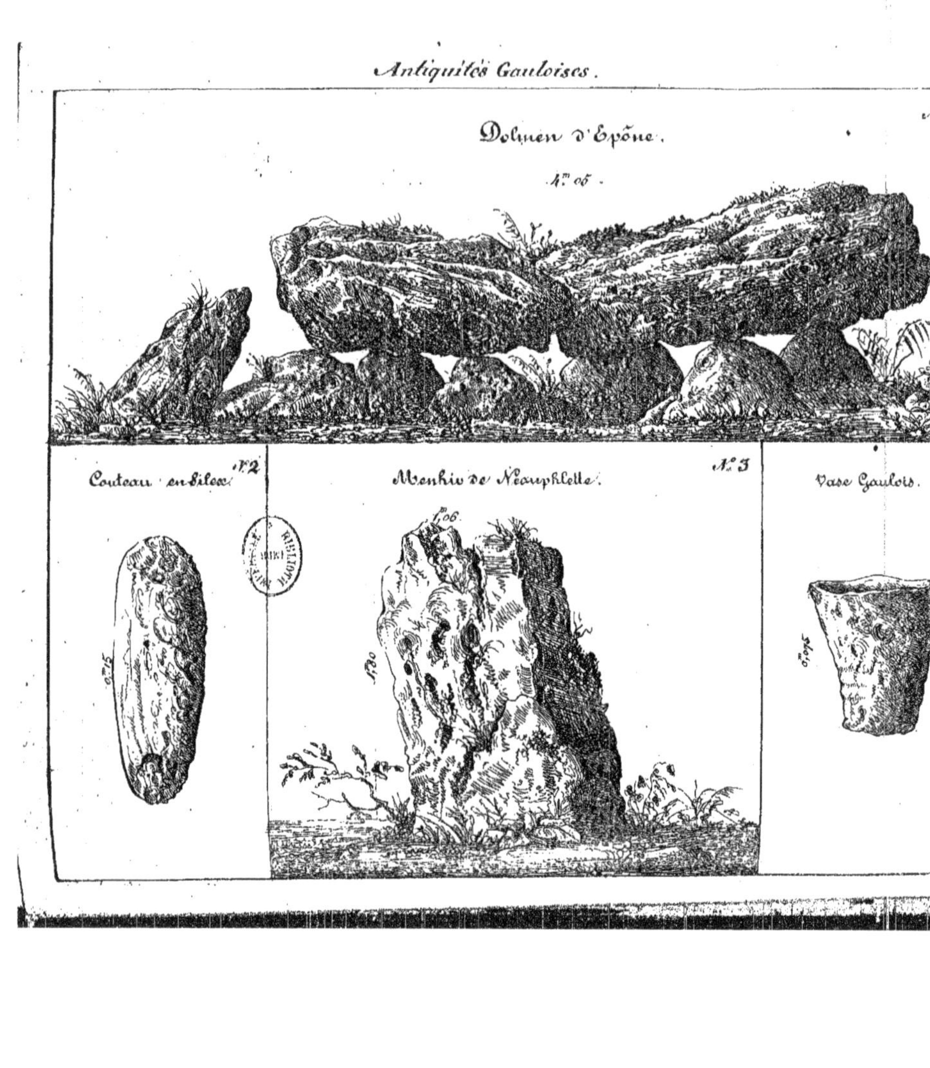
Dolmen d'Epône.
4.m 06.
N.o 1
Couteau en Silex. N.o 2
Menhir de Neauphlette.
N.o 3
Vase Gaulois.

Antiquités Romaines, (Fragmens de Poteries Romaines en terre rouge)

N.º 5.

N.º 6.

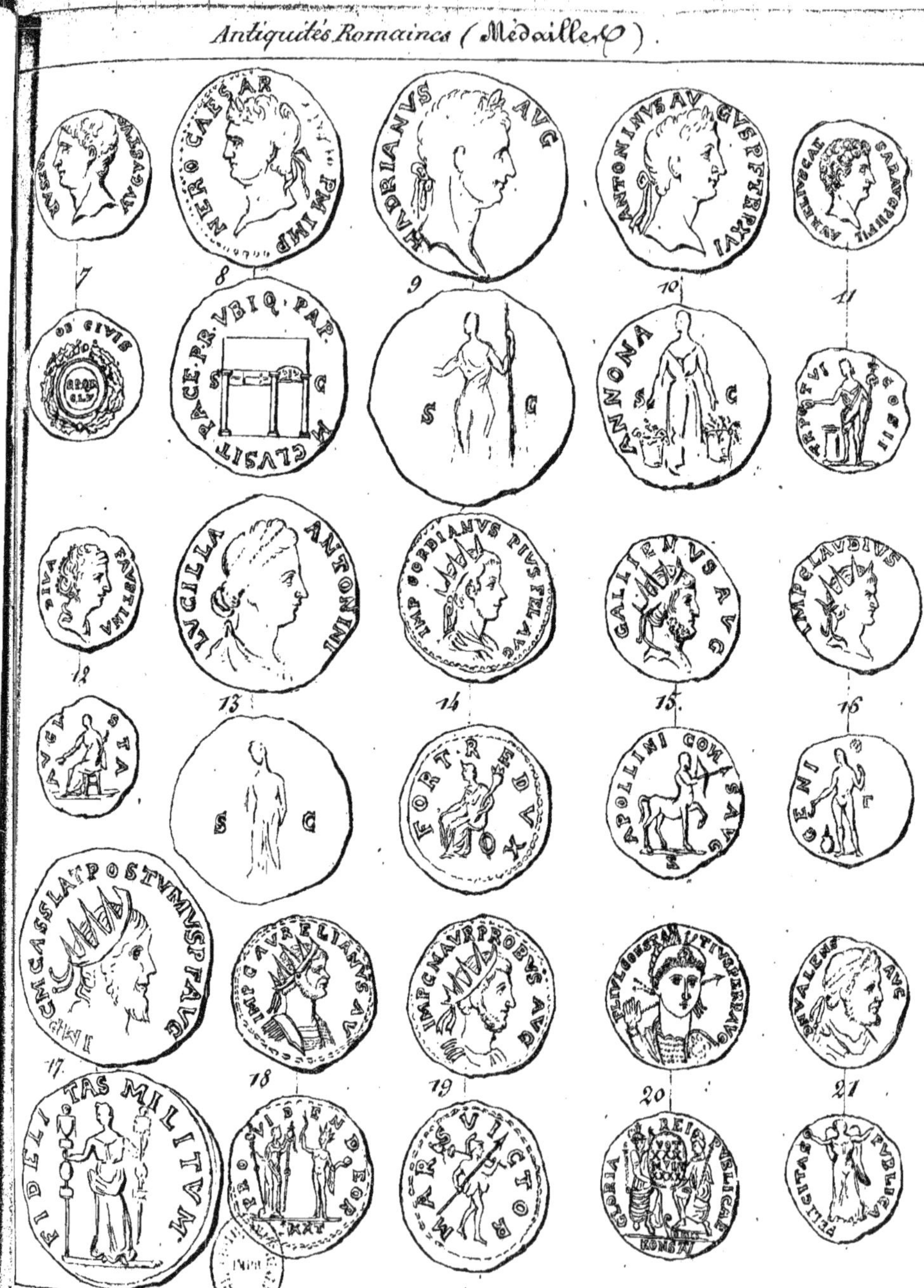

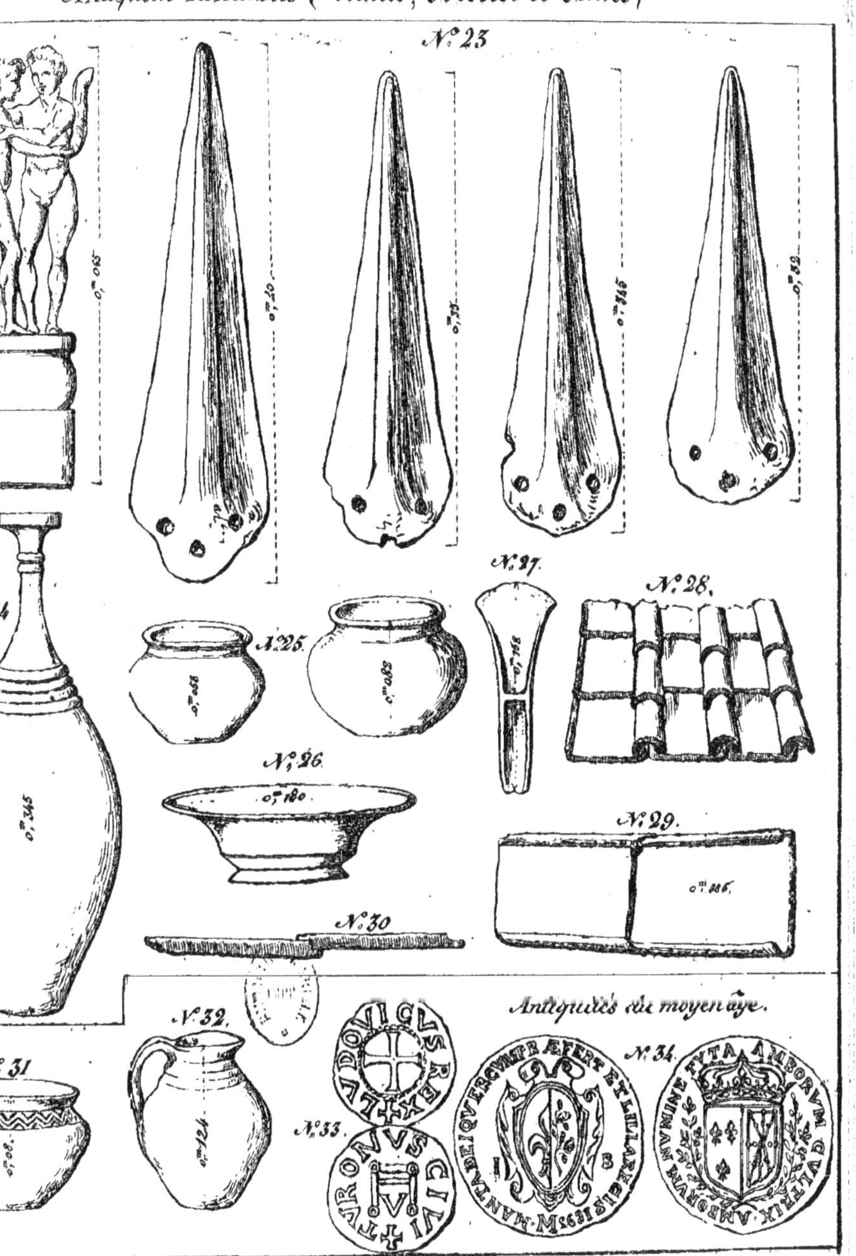
N.º 23
N.º 27.
N.º 28.
N.º 25.
N.º 26.
N.º 29.
N.º 30.
N.º 31
N.º 32
N.º 33.
N.º 34.
Antiquités du moyen âge.
LVDOVICVS REX
CIVI TVRONIS
PRÆFERT ET ILLABRIS MANTAREIQVERCV
TVTA AMBORVM NVMINE TVTELIX AMBORVM